KB115585

난 왜 저항하지 못했나

난 왜 저항하지 못했나

발행일   2018년 5월 25일

지은이   천 상 욱
펴낸이   손 형 국
펴낸곳   (주)북랩
편집인   선일영   편집   오경진, 권혁신, 최예은, 최승헌, 김경무
디자인   이현수, 허지혜, 김민하, 한수희, 김윤주   제작   박기성, 황동현, 구성우, 정성배
마케팅   김회란, 박진관, 조하라
출판등록   2004. 12. 1(제2012-000051호)
주소   서울시 금천구 가산디지털 1로 168, 우림라이온스밸리 B동 B113, 114호
홈페이지   www.book.co.kr
전화번호   (02)2026-5777   팩스   (02)2026-5747

ISBN   979-11-6299-138-1 03180 (종이책)   979-11-6299-139-8 05180 (전자책)

이 도서의 국립중앙도서관 출판예정도서목록(CIP)은 서지정보유통지원시스템 홈페이지(http://seoji.nl.go.kr)와 국가자료공동목록시스템(http://www.nl.go.kr/kolisnet)에서 이용하실 수 있습니다.
(CIP제어번호: CIP2018015740)

(주)북랩 성공출판의 파트너

북랩 홈페이지와 패밀리 사이트에서 다양한 출판 솔루션을 만나 보세요!

홈페이지 book.co.kr • **블로그** blog.naver.com/essaybook • **원고모집** book@book.co.kr

난 왜 저항하지 못했나

가해자와 피해자의
관점에서 바라본
성폭력 범죄 메커니즘

천상욱 지음

미투 운동의 이면에서 번지고 있는 피해자 책임론이 얼마나 부당한지
영화, 뮤지컬, 연극, 오페라, 드라마에 나타난 다양한 사례를 통해 분석하고
그 대안을 제시한 성폭력 예방 및 사후 대책 지침서

북랩 book Lab

머리말

○

#MeToo, #미투의 직접적인 피해자도 아니면서 책을 쓰는 동안 마음이 너무 아팠다. 때로는 밥이 먹히지 않을 때도 있었는데, 그렇다고 힘든 마음을 벗어나기 위해 술을 마실 수도 없었다. 필자는 직접적인 피해자가 아니었지만 회피하지 않고 직면한 상태로 글을 쓰는 게 어려웠다. 책을 쓰면서 이유를 분석하고 찾아가는 과정에서 처음에는 분노의 마음이 생겼는데, 점점 나의 가슴에 칼을 꽂아놓은 채로 피를 흘리면서 글을 쓰고 있다고 느껴졌다. 이러다가 끝까지 책을 쓰지 못할 수도 있겠다고 생각한 적도 있었고, 내가 심리상담을 받아야 하는 것 아닌가 하는 두려움도 생겼다.

책을 쓰면서 내가 피해자라는 생각과 내가 가해자라는 생각을 번갈아 가며 하게 되는데, 둘 다 너무 힘들었다. 직접적인 피해자들이 사건 직후 있는 그대로를 진술한다는 게 얼마나 힘든 일일까 느낀 시간들이었는데, 이렇게 말하는 것조차도 너무 오만하고 건방지다는 생각도 든다. 피해자가 바로 밝히지 못하고 시간이 지난 후에 용기를 낼

난 왜 저항하지 못했나

수밖에 없었던 이유를 조금은 알 것 같다. 이 주제로 책을 쓰고 있다고 다른 사람에게 말하기도 쉽지 않았는데, 간접경험이 아닌 성폭력의 피해자는 얼마나 힘들까 생각하게 됐다.

이 책은 당신이 잘못한 게 아니라고 말해주려는 목적에서 쓰였다. 그렇지만 몰입하고 감정이입해 읽는 독자 중에는 이 책 때문에 오히려 당분간 마음이 힘들어질 수도 있다. 그렇지만 그런 과정은 위급한 상황에서 당신이 동결 반응을 극복할 수 있는 계기의 씨앗이 싹트는 과정일 것이다.

동결에 대한 책과 투사적 동일시에 대한 책을 각각 집필하려고 계획하고 있었다. 미투와 연관해 책을 내면서 심리적 부담감은 상당히 있었는데, 단 한 명이라고 이 책을 보고 불필요한 죄의식에서 벗어나기를 바라면서 글을 썼다.

천상육

들어가며

○

#MeToo, 그때 왜 저항하지 않았냐는 비난에 대해

'나도 당했다', '나도 피해자다'라는 뜻을 가진 #MeToo(미투) 운동은 2017년 10월에 일어난 하비 와인스타인(Harvey Weinstein) 성범죄 파문에서 시작됐다. 할리우드 거물 영화 제작자였던 그는 30여 년 전부터 배우, 모델, 영화사 직원을 가리지 않고 성추행, 성폭행, 성추문을 일으켰는데, 미국 영화배우이자 가수인 알리사 밀라노(Alyssa Milano)의 제안으로 시작해서, 기네스 펠트로(Gwyneth Kate Paltrow)와 안젤리나 졸리(Angelina Jolie)의 폭로로 수면 위로 급부상했고, 전 세계로 미투 운동이 확산되고 있다.

우리나라에서도 법조계, 연극계, 영화계, 정치권을 시작으로 미투 운동이 확산되고 있다. 올해 2월 말부터 3월까지는 공연장에 공연 담당 기자를 볼 수 없다는 이야기가 있었는데, 공연을 관람하는 2시간 동안 미투에 대한 새로운 사실이 나올지, 또 다른 미투 사건이 발생할지 모르기 때문에 공연 담당 기자, 연예 담당 기자는 무조건 대기해야 하는 상황이었기 때문이다.

난 왜 저항하지 못했나

미투 운동에 대해 아직 시작도 안 했다고 말하는 사람도 있지만, 벌써부터 피로감을 호소하는 사람도 있다. 미투의 변질을 이야기하는 사람도 생기고, 같은 사건에 대해서도 '미투이다', '미투가 아니다'라는 네티즌들의 설전이 팽배하다. 미투를 발생하게 만든 성폭행, 성추행, 성추문 등의 성폭력을 행동의 측면에만 초점을 맞춰 바라보고 분석하며, 내면에 대해서는 상대적으로 무관심하기 때문에 이런 이견이 팽팽하게 맞서는 것이다. 행동의 측면에서만 분석하고 그 행동이 나온 내면과 이면을 더 깊게 공유하고 공감하지 않을 경우 이런 갈등은 계속될 수 있다.

성폭력은 기본적으로 여성 무시와 여성 비하, 여성 혐오가 있기 때문에 발생한다. 물론 여자가 남자에게 성폭력을 가할 수도 있고, 동성 간에도 성폭력이 있을 수 있지만, 대부분의 성폭력은 남자가 가해자이고 여자가 피해자라는 점에서 살펴보면 여자를 동등한 인격체로 대하지 않는 역사와 문화 속에서 남자들의 의식과 사고방식이 기본적인 문제의 시초일 것이다. 물론 모든 남자가 그렇다는 것도 아니고, 시대가 변했기 때문에 대다수의 남자가 그렇지 않다고 볼 수도 없다. 그렇지만, 아직도 남성 우월주의가 뿌리 깊게 남아있는 현실에서 가해를 가하는 남자는 여자를 대할 때 인간의 존엄성에 대한 존중이라는 측면으로 대하지는 않았을 것이기 때문이다. 이 책을 끝까지 읽으면 분명히 알 수 있는데 남자가 무조건 잘못했다는 취지로 글을 쓰는 것은 아니다. 다만, 사건이 발생했을 때 원인을 피해자에서 찾기 이전에 가해자로부터 먼저 찾아야 하는 게 순리이기 때문이다. 가해자가 제공한 원인으로 인해 피해자의 내면이 어떤 방어기작을 발휘했는지를 살펴야 한다,

성폭력 중에서도 특히 성폭행의 경우, 왜 저항하지 않았느냐는 질문과 비난은 표현부터 잘못됐다. 완강하게 저항하고 소리 질렀으면 상대가 그런 행동을 끝내 하지는 못했을 것이라며, 위로를 가장한 비난을 하는 사람들도 있다. 정확한 표현하자면, 저항하지 않은 게 아니라 저항하지 못한 것이다. 의식의 수준에서 저항하지 않았을 수도 있지만, 대부분이 무의식의 수준에서 저항하지 못한 것이다. 무의식의 수준에서 왜 저항하지 못했는지는 동결반응을 설명하면서 자세하게 풀어갈 예정이다.

미투 운동에 대해서도 마찬가지이다. 왜 30년 전 일을 지금 와서 꺼내야 하냐는 질문을 먼저 하는 사람도 있다. 이 질문을 하기 전에 왜 폭로하게 됐으며, 그간 얼마나 힘들었는지에 대한 질문이 선행되는 것이 합리적이다. 그 질문을 받은 후 왜 그때 폭로하지 못하고 지금에 와서 알리게 됐는지 묻는 게 순서이다. 물론 의도적으로 악의성 질문을 하는 사람보다는 정말 궁금해서 묻는 사람이 더 많을 수는 있는데, 잘 모르고 하는 질문 또한 제2차 가해가 될 수 있다는 것을 질문을 하는 사람들은 알아야 한다.

미투를 폭로한 사람들의 경우 만약 30년 전 일이라고 가정할 경우, 30년 동안 내내 괴롭고 힘들었다는 사람도 있고, 처음에는 죽고 싶을 정도로 힘들었지만 잘 참고 지냈는데 최근에 가해자가 뻔뻔한 말과 행동을 하는 것을 보고 예전의 충격과 공포, 분노가 소급해 밀려들어 미투에 동참하기로 했다는 사람도 있다. 특히, 두 번째 사례의 경우 다른 사람이 미투 운동을 안 했으면 그냥 넘어갔을 것이면서 왜 덩달아 폭로전에 참여하느냐는 불편한 시선을 받을 수도 있다.

사람에게는 의식의 영역과 무의식의 영역이 있다. 충격이나 공포 등 의식의 영역에서는 견딜 수 없는 일이 발생하면, 감당하기 힘든 것을 무의식의 영역으로 억누른다. 만약 감당할 수 없는 것까지 감당하려고 하면 미치거나 죽을 수도 있다. 무의식으로 억누른 것은 살기 위해 최선의 방법을 선택한 것이다. 이런 관점에서 보면, 상황에 따라 다를 수는 있지만 성폭력에 대한 충격을 무의식으로 억누르고 있었던 사람이 성폭력의 순간에 더 힘들었을 수도 있는 것이다. 물론 미투를 빙자한 악용이 전혀 없다고 확신할 수는 없다. 그렇지만 일단 피해자의 말에 귀 기울이는 게 우선이다.

성폭력, 특히 성폭행이 사건이 일어난 당시, 혹은 계기가 있었던 당시에 피해자는 의식의 영역에 있었을 것이다. 그러나 성폭행이 일어난 순간이나 그런 조짐이 확실했던 바로 전, 그리고 사건이 일어난 후에 피해자는 너무 힘들어서 자기도 모르게 무의식으로 눌러놓았을 가능성이 많다. 견디기 너무 힘들어서 눌러놓았던 기억과 경험이 미투 운동으로 인해, 무의식이 수면 위로 올라와 피해자에 직면하게 된 것이다. 억눌린 무의식에 대한 직면은 사건 당시를 다시 경험하는 공포를 준다. 시간이 한참 지나갔는데 그렇게까지 되냐고 물을 수도 있지만, 시간이 지나서 잊힐 수 있을 것 같았으면 견디지 못해 무의식으로 누르지도 않았을 것이다.

　매우 민감하고 위험한 가정이지만, 평상시 여자를 존중하는 태도, 평등주의 정신을 가진 남자도 특정 사건에 대해 "이건 미투가 아니잖아."라고 말하는 사례가 있다. 그 남자가 솔직하게 자신의 의견을 말할 경우 가해자를 옹호하는 똑같은 사람이라고 평가 받을 위험성도 있다. 원래 의도를 정해놓고 말하는 경우가 아니었다면 잘 몰라서 그렇게 말할 수 있다는 점을 반드시 짚고 넘어가야 한다.

　동결반응, 성적 투사적 동일시, 버려지기보다 훼손당하는 것을 선택한다는 점을 기준으로 보면 미투를 이해하고 구분하는데 도움이 될 수 있다. 내가 똑같은 경험을 하지 않았더라도 이런 심리적 메커니즘을 알아야 하는 이유는, 나 또한 나도 모르는 사이에 잠재적 가해자나 피해자가 될 수도 있고, 미투 기사를 계속 접하는 것만으로도 미투의 당사자와 같은 트라우마를 겪을 수도 있기 때문이다. 치유를 하기 위해서도 알아야 하고, 예방하고 방지하기 위해서도 마음이 어떻게 돌아가고, 견딜 수 없는 상황에서 어떤 선택을 하는지 알아야 한다.

　　　　　　　　　　　난 왜 저항하지 못했나

상처가 너무 아파서 상처가 있었다는 것 자체를 나도 모르게 숨기기도 하는데, 이것이 너의 상처라는 것을 직면하게 하면서 상처를 계속 건드릴 수 있다. 꼭 그런 사람만 그런 행동을 하는 게 아니라 안 그러던 사람 또한 자신도 모르게 그런 잘못을 저지를 수 있다. 모르고 했기 때문에 실수라고 말할 수도 있지만, 피해자의 입장에서 볼 때는 가해자의 명백한 잘못된 행동이다.

이 책의 목적은 누가 잘못했고 누가 잘했는지를 심판하는 게 아니다. 필자에게 그런 심판자의 자격은 없다. 발생된 사건에 대한 심리치료를 위해 그리고 성폭력을 예방하기 위해서는 우리의 내면 심리, 특히 무의식이 어떤 경로를 거치는지 알아야 한다. 의식의 문제도 있을 것이고 무의식의 문제도 있을 것인데. 의식의 문제만 해결하려고 할 경우 근본적이면서 더 민감하고 예민한 핵심은 전혀 해결하지 못할 수 있다.

이 책이 성폭력, 미투를 중심으로 쓰이지만, 같은 원리가 우리의 무의식의 다른 분야에서도 동일하게 적용된다는 것을 고려하면서 이 책을 읽는다면 앞으로의 삶에 추가할 수 있는 하나의 기준이 될 수 있다. 같이 사는 사회에서 서로 이해하기 위해서도 아는 것이 필요하다. 제대로 알지 못하면 위로한다고 하는 말이 오히려 정말 상처를 줄 수도 있다.

미투 운동에 성인 남자라면 누구도 자유로울 수 없다는 이야기가 있다. 성폭력을 하지는 않았지만 성추행이 될 만한 행동을 절대 하지 않았다고 자신할 수는 없는데(그렇다고 그런 기억이 있는 것도 아닐지라도), 그 당시에는 분위기가 그랬으니까 잘못이라고 생각하지 않았다고 말할 수도 있다. 그렇지만 잘못된 시대에서 관행처럼 한 잘못 또한 잘못이다. 시대가 잘못됐다고 그 시대에 같이 잘못한 내가 면죄부를 가진 것은 아니기 때문이다.

달라진 시대의 기준을 극명하게 볼 수 있는 사례는 논문 자기 표절이다. 다른 사람의 논문을 표절한 것은 예전이나 지금이나 다 표절이라는 인식이 확실하지만, 자기 논문의 일부를 자기가 베껴 쓰는 것에 대해 표절이라고 생각한 사람은 많지 않았다. 물론 그 당시에도 그냥 베껴서 내는 것은 표절이었지만, 20년 전에는 하나의 논문을 가지고 각각 다른 디테일에 집중했거나 다른 측면으로 해석해서 다양한 논문을 내는 것은 자기 표절이 아닌 능력이자 관행이었다. 국내학회뿐만 아니라 국제학회에서도 똑같이 적용됐었다. 그 당시에는 이게 자기 표절이라고 한 번도 생각해 본 적조차 없는 사람이 대부분이었을 것이다. 알면서도 자기 표절을 했을 사람도 있겠지만, 자기 표절이라는 개념을 제대로 알았으면 대다수의 사람은 여러 편으로 논문을 나눠 내면서 자기 표절을 하지 않았을 것이다. 제대로 알지 못하면 잘못을 지속적으로 저지를 수 있고, 더 위험한 점은 그게 잘못이라는 것을 알지 못하면서 계속 하게 될 수 있다는 점이다.

난 왜 저항하지 못했나

20년 전과 현재를 기준으로 볼 때 자기표절 기준은 분명히 달려져 있다. 사회과학 계열의 논문은 좀 다르긴 하지만 이공계열 학회 논문은 8장이 기본이다. 따라서 방대한 양의 연구를 했을 경우 학회에 제출되는 논문은 여러 편이 나올 수 있다. 정말 같은 논문을 거의 그대로 베껴 쓰지 않더라도 비슷한 논문은 여러 편이 나올 수 있었고, 여러 편의 논문을 낼 수 있는 연구가 많은 결과를 낸 연구로 평가받던 시절이 있었다.

여러 편의 논문을 내려다보면 공통적으로 쓰이는 부분이 있는데, 의도하지는 않았더라도 현재의 기준으로 볼 때 자기표절로 판정될 가능성이 많다. 국내 학회지뿐만 아니라 국제 학회지도 마찬가지이고, 우리나라뿐만 아니라 전 세계가 비슷하다. 만약 그때 논문을 쓰는 사람들 사이에 자기표절이라는 개념이 확실히 있었으면, 하나의 큰 연구로 여러 편의 논문을 쓰더라도 작성하고 게재하는 방법은 달라졌을 것이다.

기성세대들 중에는 미투에 자유로운 남자가 과연 있겠냐고 말하는 사람도 있고, 너무 과도한 일반화라고 반론을 제기하는 사람도 있다. 행동을 기준으로 봤을 때 논란의 거리도 있고, 그 논란 속에 실제 피해자의 아픔이 희석되기도 한다는 점 또한 분명하다. 그렇지만 시대가 그랬다는 핑계로 개인의 잘못이 없어지는 것은 아니다.

기성세대가 아닌 젊은 세대는 자유로운가 살펴보면 꼭 그렇지만은 않다. 젊은 세대가 술 마시고 하는 게임 중에 왕게임이 있다. 번호표를 나눠주고 왕이 된 사람이 지목한 번호 혹은 뽑힌 번호의 사람에게 이것저것 시키는 게임이다. 언제부터 생긴 것인지는 정확히 모르겠지만, 예전에는 왕게임이 없었다. 왕이 시키는 것은 반드시 해야 한다는 것이 게임의 룰이다. 문제는 왕이 시키는 벌칙은 대부분 성적인 벌칙이라는 점이다. 러브샷, 포옹하기, 업어주기부터 키스하기, 그 외의 것들을 벌칙으로 시킨다. 일어나서 춤추기 같이 소프트한 벌칙을 주면 왕이 오히려 비난을 받기도 한다. 왕이 되어서 다른 사람들에게 시키는 것이나, 아무리 게임 규칙이라고 해도 왕이 시킨 행동을 한 것, 그 행동을 더욱 적극적으로 한 것 모두 미투의 대상일 수도 있다. 왕게임을 했다는 것 자체만으로도 미투의 대상이라고 말할 수도 있다. 물론 이 또한 과잉일반화라는 반론의 여지가 분명히 있다.

왕게임을 할 때 그런 벌칙을 왜 받느냐고 물으면 게임이기 때문에 룰을 지켜야 한다고 말하는 경우가 많다. 게임이니까 지켜야 한다는 맹목적인 추종보다는, 지켜야 할 룰을 가진 게임인지 먼저 판단했어야 하는 것이 중요하다. 왕게임의 벌칙을 즐기는 사람도 있겠지만, 원하지 않는 벌칙을 받고 기분이 더러워진 사람도 있을 것이다. 그런데 그때 만약 기분 나쁘다고 표현했더라도, 같이 있던 사람들은 게임인데 왜 그러냐, 너도 게임을 한다고 했던 것 아니냐고 뭐라고 할 수 있다.

난 왜 저항하지 못했나

이는 사회생활에서도 마찬가지이다. 왕게임의 왕처럼 권위와 힘을 가진 위치에 있는 사람이 하는 말을 무조건 따라야 한다는 위험한 분위기와 그런 위치에 있는 사람은 마음대로 해도 된다는 잘못된 판단 속에서 미투의 씨앗은 언제든지 자라날 수 있다. 내가 왜 따르지 않아야 하는지 판단하려면, 물질적인 권력적인 지배뿐만 아니라 심리적이고 정신적인 지배에서도 벗어날 수 있어야 하는데, 그러기 위해서는 위급상황에서 나도 모르게 선택하는 인간의 방어논리의 기작을 알아야 한다.

이 책의 취지는 행동의 잘잘못을 따지는 게 아니다. 그렇다고 행동의 잘못을 그냥 넘어가자고 하는 것은 절대 아니다. 남자와 여자에게 모두 해당될 수 있는데, 그런 사건과 행동의 이면에는 내가 모르는 나의 무의식이 있을 수 있다는 것이다. 그 무의식의 실체를 모를 경우 피해자임에도 불구하고 불필요한 내적 죄책감과 답답함, 말하지 못하는 억울함을 겪을 수 있고, 그것이 지속되거나 반복될 수 있다는 점에 주목해야 한다. 내가 나의 내면을 있는 그대로 보는 것은 정말 쉽지 않지만, 내가 나의 내면을 정확하게 알지 못하면 내가 나를 제대로 들여다볼 수 없다면 같은 상황과 사건은 또 반복될 수 있다.

왜 나만 계속 피해자가 되어야 하는지 말하는 사람과 그러고 싶지 않은데 계속 같은 잘못을 저지르는 사람에게 모두 해당된다. 또한, 아직 두 가지 경우에 직접적으로 노출되지 않은 잠재적 위험성을 지닌 모든 사람에게도 해당되는데, 첫째 제대로 알고 개념을 정립하고, 둘째 대응하는 연습과 훈련을 미리 할 경우 행동과 사건을 예방할 수 있을 것이다.

피해자는 분노의 감정보다 좌절감, 자책감, 죄책감, 죄의식을 더 많이 가지고 있다. 가해자가 가져야 할 감정을 어이없이 피해자가 가지고 있는 것이다. 〈난 왜 저항하지 못했나〉는 심리학에 근거해 당신 탓이 아니라는 점을 알려주고 싶은 진심으로 쓴 책이다. 저항하지 않은 게 아니라 저항하지 못한 것이고 그 또한 당신 잘못이 아니라는 것을 알려줘 더 이상 죄의식과 두려움 속에 숨어 지내지 않기를 바라며 쓴 글이다. 의도적이든 아니든 가해자로 지목받은 사람이, 스스로 억울하다고 느끼며 하는 변명이 아닌 진정한 용서를 구할 수 있는 마음의 근거와 기회를 가질 수 있기를 바란다.

차 례

○

제1장

동결 반응

동결 반응이란?

°무서운 곰이나 호랑이를 만났을 때 어떻게 하면 살 수 있느냐는 질문을 던진다면 어떻게 대답할 것인가? 빠르게 도망간다고 말하는 사람도 있을 것이고, 동물의 눈을 응시하면서 기 싸움에서 이기면 된다고 하는 사람도 있을 것이다. 총을 꺼내 쏘면 된다고 하는 사람도 있겠지만, 미리 꺼내 준비한 상태가 아니라면 총을 꺼내는 동작을 하기 전에 동물의 습격을 먼저 받을 수도 있다. 현실적으로 볼 때 꺼낼 총조차 없는 경우가 더 많을 것이다. 이때 "옆에 있던 돌을 들어"라고 누군가 대답하기 시작한다. 돌을 들어 동물과 싸우겠구나 생각할 수도 있는데, 대답을 시작한 사람이 "내 머리를 쳐서 기절한다."라고 말을 이어간다면, 같이 있던 대부분의 사람은 장난쳤다고 생각하고 웃을 것이다. 그렇지만 그 대답은 정답이 될 수도 있고, 인간의 의식과 내면을 통찰한 모범답안이 될 수도 있다.

아주 오래 전에 우리의 조상인 원시인들은 야생동물에 노출돼 극도로 위험한 환경에서 살았다. 인간은 신체적으로 거대하고 힘 있는 야생동물의 적수가 될 수 없었기에, 생존에 있어서 그런 야생동물들은 치명적인 위험 요소였다. 위협적인 야생동물을 만났을 때 맞서 싸우려는 사람과 도망가려는 사람은 모두 죽었고, 너무 무서워서 움직이지도 못할

난 왜 저항하지 못했나

정도로 굳어버리거나 기절한 사람만 살아남을 수 있었는데, 이것이 동결 반응이다. 동결 반응은 원시시대부터 뇌를 통해 유전돼 왔을 수 있고, 동결 반응을 겪은 살아남은 사람이 살아남았다는 점을 고려하면 그 후손인 우리가 동결 반응을 겪는다는 것은 당연한 일이다.

영화나 드라마에서 보면서 "저런 상황에서 왜 가만히 있지?"라고 의아하게 생각한 적이 있을 것이다. 교통사고를 당하는 장면에서 피해자는 차를 피하지 않고 가만히 있다. 차를 피하다가 교통사고를 당하는 것이 개연성이 있지, 가만히 서서 사고를 당하는 것은 너무 억지스럽다고 생각할 수도 있다. 게다가 그런 장면은 대부분 슬로모션으로 처리된다. 그 슬로모션의 시야는 주로 교통사고 피해자인데, 저렇게 슬로모션으로 느낄 정도면 피해야지 왜 가만히 있느냐고 물을 수도 있다. 그런데 이때 교통사고 피해자는 동결 반응을 보인 것에 주목할 필요가 있다. 차량이 내 눈앞으로 직진하는 모습을 보면서 극도의 두려움에 몸이 굳어버린 것이다. 우리 뇌의 방어 전략 중의 하나인 동결 반응이 오히려 위험의 순간에 나를 움직이지 못하게 만든 것이다. 원시시대에는 최선의 방어 전략이, 이제는 위기 상황에서 무의식적으로 방어를 하지 못하게 만드는 것이다.

범죄 영화를 보면 체격이 작은 가해자가 자신보다 체격이 훨씬 큰 피해자의 복부를 흉기로 12방 찔렀는데 아무런 저항을 하지 않는 장면을 만날 수 있다. 왜 저항하지 않는지와 칼로 찔리면 엄청 아플 텐

데 어떻게 저렇게 가만히 있을 수 있나며 현실적이지 않다고 말하는 관객은 많을 것이다. 그렇지만 그것은 동결 반응이라는 것을 알지 못했기 때문에 생기는 관객의 의문이자 반응이다. 일단 저항하지 않은 게 아니라 저항하지 못한 것이다. 첫 번째로 찔리기 전에 인지했으면 저항할 수도 있었을 것인데, 저항할 틈도 없이 칼에 찔리는 순간 극도의 공포감이 밀려들어 동결 반응을 보인 것이다. 내 복부에 칼이 들어온다는 것을 상상해본 적도 없는 사람은 처음 느끼는 현실적 공포를 감당할 수가 없는 것이다.

영화뿐만 아니라 뉴스에 가끔 나오는 잔혹한 살인 장면을 곰곰이 살펴보면 피해자가 저항하지 못한 경우가 많다는 공통점을 발견할 수 있다. 얼굴을 알고 있는 면식범이기 때문일 것이라는 분석이 나오기도 하고, 실제로 그런 경우도 있다. 피해자는 공통적으로 동결 반응을 보인 것인데, 알고 있던 사람에게 칼을 찔렸을 경우 더욱 더 감당할 수 없기 때문에 더 센 동결 반응을 보였을 수도 있다. 담당 경찰관들은 그런 상황에서 피해자들이 실제로 저항하지 못한다고 말하는데, 동결 반응에 들어간 후인 두 번째 칼부터는 더욱 저항의 증거를 찾을 수 없는 것이다.

동결 반응을 잘 이해하지 못하겠다고 말하면서, 영화를 보면 특수부대 요원은 칼에 찔리고도 동결 반응을 보이기는커녕 몸에서 칼을 빼고 손으로 피가 나오지 않게 막으면서도 상대방을 제압한다고 반론을 제기하는 사람도 있을 것이다. 그럼 동결 반응을 보인 사람과 특수 요원의 대응, 둘 중 하나는 개연성이 부족한 것 아니냐고 물을 수도 있다. 이런 질문을 한 사람은 아직은 정확하게 알지는 못하지만 동결 반응의 핵심을 파악할 수 있는 통찰력의 가능성을 가진 사람이다.

동결 반응의 원인은 견딜 수 없는 두려움과 공포이다. 감당할 수 없는 두려움과 공포에서 살아남기 위해 동결 반응을 보이는 것이기 때문이다. 물론 이런 극한의 공포가 사람들 사이에서 사는 현대에는 오히려 위험한 요소가 된다. 영화에서처럼 특수요원은 실제로 특수훈련을 받는다. 낯선 곳에서 혼자 위험한 임무를 수행하기 위해서, 비슷한 상황에 대한 훈련을 반복해서 받는 것이다. 훈련은 위급하고 위험한 상황을 견디고 극복하는 훈련인데, 그런 훈련의 반복을 통해 공포에 익숙해지고 공포의 상황에서 동결 반응이 일어나지 않도록 하는 것이다.

이 점은 우리에게 시사하는 바가 크다. 동결 반응에 대처하는 훈련, 즉 위험한 상황에서 극도의 공포를 견뎌내는 훈련을 할 경우 동결 반응에 의해 우리의 몸과 마음이 멈추게 되는 것을 막을 수 있다. 원시시대부터 내려온 뇌의 방어 전략 중의 하나인 동결 반응을 이겨내려면 반복적인 훈련과 연습이 필요한데, 그런 훈련과 연습의 과정에서도 공포에 직면해야 하기 때문에 이론적으로 말하는 것만큼 쉽지는 않을 수도 있다.

동결 반응은 극도로 위험한 상황이 아닌 일상생활에서도 일어날 수 있다. 물론 동결 반응의 원인이 공포심이라는 점을 고려하면, 공포는 느끼는 사람마다 그 강도와 지속도가 다를 수 있기 때문에 다른 사람에게는 별거 아닌 상황에서 나는 극도의 공포심을 느낄 수도 있다. 대인관계 기피증이 있는 사람은 사람들이 많은 곳에만 가도 움직이지 못하겠고 어딘가에 숨고 싶어진다. 대인관계 기피증이 없는 사람들은 상상할 수 없는 공포를 일반적이고 일상적인 상황에서 느낄 수도 있는 것이다.

스스로 감당할 수 없는 상태에서 안전하다고 느끼지 못할 경우 두려움과 공포의 반복은 트라우마가 될 수 있다. 대인관계 기피증을 극복하게 만든다며 사람이 많은 곳으로 억지로 계속 데려가는 것은 그 사람에게 일종의 테러가 될 정도로 위험한 일이다. 공포를 느끼지 않으려면 안전감을 줘야 한다. 안전감을 주기 위해서는 사람이 많은 곳에 아예 가지 않을 수도 있지만, 안전하다는 확신을 주면서 언제든 너를 보호하겠다는 신뢰를 준 상태에서 서서히 사람들이 많은 곳을 가는 경험을 할 경우 두려움은 점차 줄어들 수 있고, 사람이 많은 곳에서의 동결 반응과 회피 반응도 줄어들 수 있다.

누가 뭐라고 하면 그 순간 스톱되는 사람들이 있다. 나는 그런 사람이 아니라고 말할 수도 있겠지만, 잘 생각해보면 나 또한 그런 경험이 한 번은 있을 것이다. 실제로는 더 많이 있는데 크게 인지하지 못하

난 왜 저항하지 못했나

는 것일 가능성이 많다.

선생님이나 부모님이 혼을 내면서 무엇을 잘못했는지 말하라고 하면 아무 말 안 하고 서 있는 학생이 있다고 가정하자. 이 학생은 의식적으로 반항하는 것일 수도 있다. 만약 반항하는 경우라면 어느 정도까지는 침묵으로 반항하다가 그 이상의 상황이 되면 더욱 세게 저항할 것이다. 그런데, 끝까지 아무런 말없이 반항하는 학생은 반항하는 것이 아니라 정말 무서워서 동결 반응을 보이는 것일 가능성이 있다. 그 학생에게 대답하라고 윽박지르면 아무런 말도 못하고 움직이지도 않고 가만히 있을 수밖에 없다. 부들부들 떨고 있는 반응을 보인다면, 그게 반항의 표현인지 공포감의 표현인지 구분해야 한다. 정말 무서워서 동결 반응을 보이는 학생에게 반항하지 말라고 다그치면 더 강한 동결 반응을 보일 수밖에 없다. 더 강한 동결 반응을 더 강한 반항이라고 받아들인 선생님과 부모는 공포에 떨고 있는 학생을 더 이상 물러날 곳이 없는 곳까지 몰고 갈 수도 있다.

생활 속에서 나오는 동결 반응의 대표적인 사례는 많이 있다. 무의식적으로 하는 행동들 중에도 작은 동결 반응이 포함될 수 있다. 누가 이름만 불러도 순간 멈칫하며 이름을 부른 쪽으로 정신을 집중하게 되는 경우도 순간적인 동결 반응인 것이다. 영화, 뮤지컬, 드라마에서도 크고 작은 동결 반응을 볼 수 있다. 성폭력 상황에서 피해자의 동결 반응을 살펴보기 전에, 문화예술 장르를 통해 인간의 동결 반응이 어떻게 표현되는지 알아보자.

가해자보다 훨씬 강력했던 피해자!
동결 반응이 시작되자 무력해졌다

°케네스 브래너 감독의 '오리엔트 특급 살인(Murder on the Orient Express)'은 세계적 명탐정 에르큘 포와로(케네스 브래너 분)가 사건 의뢰를 받고 오리엔트 특급열차에 탑승했을 때 벌어진 열차 안 살인사건 속 진실을 찾기 위한 추리를 담고 있는 작품이다. 누가 범인인지에 대한 추리로 시작한 이야기는, 사건이 왜 발생했는지를 찾아가면서 13명의 완벽한 알리바이를 가진 용의자의 내면의 아픔과 상처의 트라우마 속으로 들어간다.

영화 속에서 살해당한 피해자인 사업가 라쳇(조니 뎁 분)은 13명의 용의자 각각보다 훨씬 더 강인하다. 1:1로 놓고 볼 때는 용의자 누구도 범인이라고 추정하기 쉽지 않다. 13명 모두 범인이 아니라고 생각될 수도 있다. 그런데 라쳇은 단칼에 목숨을 잃은 것이 아니라 여러 번 칼에 찔렸는데, 특이한 점은 저항의 흔적을 거의 찾아볼 수 없었다는 것이다. 13명의 용의자는 모두 공범이었는데, 그들의 공통점은 라쳇으로부터 직간접적인 피해를 받아 가정과 삶이 망가진 사람들이

였던 것이다. 보복살인이었던 것인데, 열차 안 피해자인 라쳇은 이전에 13명의 모든 사람들에게 가해자였던 것이고, 라쳇이 저지른 가해로 인해 13명은 모두 견딜 수 없이 힘든 삶을 살았던 것이다.

그렇다고 치더라도 1:13으로 붙어도 이길 것 같은 라쳇이 제대로 저항하지도 못하고 계속 다른 사람에게 번갈아가며 칼에 찔렸다는 점은 쉽게 이해가 안 될 수도 있다. 라쳇과 13명의 체격이나 외적인 성향으로 볼 때, 열차 안에서 라쳇에 의해 13명이 살해됐다고 했으면 더 개연성이 느껴졌을 수도 있다.

첫 번째 칼에 찔린 순간 라쳇은 동결 반응을 일으킨 것이다. 체력과 멘탈, 과감함과 잔인함에서 모두 앞선다고 생각하고 자신이 있었던 라쳇은 육체적인 힘이 자신보다 약한 사람의 칼에 찔릴 것이라고 추호도 생각하지 못했을 것이고, 그런 상황에서 칼에 찔린 후 동결 반응에 들어갔던 것이다. 라쳇 같은 경우에는 만약 상대가 어느 정도 강한 상대였으면 동결 반응이 바로 일어나지 않았을 수도 있다. 자신보다 약한 사람에게 칼에 찔린다는 도저히 납득할 수 없었기에 생각의 회로가 멈춰버렸을 것이다. 동결 반응이라는 측면에서 바라볼 때 라쳇의 마지막에 저항하지 못하고 죽을 수밖에 없었던 이유가 분명해진다.

육체적으로 강한 사람도 동결 반응을 보이기 시작하면 속수무책이 된다는 것을 <오리엔트 특급 살인>의 라쳇은 보여준다. 라쳇과 같이 험악하고 강한 사람도 동결 반응 앞에서 무기력해지는데, 신체적·정신적으로 제압당한 사람이 동결 반응을 나타내며 아무것도 하지 못하는 것은 안타깝지만 당연한 일일 수 있다.

<오리엔트 특급 살인>에서 동결 반응을 더 잘 이해하기 위해, 필자가 기사로 작성했던 리뷰를 공유한다. 다른 사례의 작품에서도 동일하게 적용한다.

○ 당위와 명분보다 이익의 관점에서 접근하다

<오리엔트 특급 살인>에서 포와로는 추리를 할 때 당위와 명분보다는 이익에 초점을 두는 명확한 판단 기준을 가지고 있다. 이익에는 경제적 이익뿐만 아니라 심리적 이익, 양심의 가책도 포함하고 있는데 "이 범죄는 누구에게 도움이 되는가?"라고 반복되는 명제는 관객들이 포와로의 추리에 공감을 느끼며 따라갈 수 있게 만들어준다.

영화 시작부에 영화의 톤을 선명하게 알려준다는 점이 눈에 띄는데, 아이가 뛰어갈 때의 신나는 음악은 박진감과 호기심을 유발한다. 음악이 없었다면 영상만으로는 이런 분위기를 형성할 수 없었을 것으로, 영화에서 음악이 얼마나 중요한지를 경험하게 해주는데, 13명의 용의자를 추리하는 과정에서의 음악 또한 그러하다. 달걀의 크기를

재는 포와로의 모습은 포와로의 성격을 명확하게 전달하는데 옳고 그름이 명확해 중간이 없는 사람으로 설정했기에 오히려 반전에 임팩트와 개연성을 부여한다는 점은 흥미롭다.

"이번 사건으로 누가 득을 볼까?"라는 포와로의 말은 이 작품을 벗어난 일상생활에서의 판단 기준으로도 활용할 수 있다. 대부분의 사람은 당위와 명분, 신념에 따라 행동한다고 스스로 생각하면서도 실제로는 이익에 의해 선택하는 경우가 훨씬 더 많기 때문이다.

○ 사건성 트라우마와 인간관계 트라우마

트라우마는 특정한 사건에 의해 발생하는 '쇼크 트라우마(shock trauma), 사건 트라우마(incident trauma)'와 반복된 대인관계에서 발생하는 '대인관계 트라우마(interpersonal trauma)'가 있다. 임팩트 있는 사건에 의해 발생하는 사건 트라우마보다 내가 직접적으로 관여된 지속적인 관계성 속에서의 대인관계 트라우마가 더 위험하고 해결하기 어렵다. 사건 트라우마는 사건에서 빠져나오면 상대적으로 용이하게 해결할 수 있지만, 대인관계에서 받은 상처는 좀처럼 빠져나오기 힘들기 때문이다.

○ 복수라는 범죄의 관점에서 볼 수도 있지만, 트라우마에서 벗어나기 위한 행동으로 볼 수도 있다

〈오리엔트 특급 살인〉을 복수라는 범죄에서 볼 수도 있지만, 트라우마에서 벗어나기 위한 행동으로 볼 수도 있다. 영화 속 살인은 이전 살인의 살해자를 오리엔트 특급열차에서 살인하는 보복 살인, 복수 살인의 성격을 띠고 있다. 나에게 잘해준 특정 인물이 갑자기 살해된다는 것은 감당할 수 없는 충격과 슬픔을 가져온다. 영화에서 등장인물들이 겪는 트라우마는 일단 사건 트라우마라고 볼 수 있다.

　그런데 중요한 점은, 영화 속 사건이 사건으로 끝나는 게 아니라 그 사건으로 인해 많은 사람의 인간관계가 감당할 수 없이 훼손됐다는 점이다. '오리엔트 특급 살인'은 이전의 지속적인 인간관계 속 반복된 극도의 두려움이 인간관계 트라우마를 만든 것이 아니라, 지속적으로 좋았던 인간관계가 순식간에 훼손됨으로써 복구할 수 없는 트라우마로 연결된 것이다. 사건 트라우마가 인간관계 트라우마까지 유발했다고 볼 수 있는데, 영화 속 인물들이 죄에 대해 응징 받아 마땅한 사람들이라기보다는 치유가 필요한 사람들이라고 여겨지는 이유도 여기에 있다.

　이들에게 복수는 단지 보복의 의미를 지닌 게 아니라 마음에서 빠져나올 시간을 갖게 된다는 것을 뜻한다. 단지 복수가 아닌 살기 위해 최선을 다하고 있다고 볼 수도 있다. 영화에서는 "다시 선하게 살 수 있는 사람들, 옳음과 그름 사이에 있는 사람들"이라고 표현되는데, 사건보다 인간 내면에 관심을 가지고 관람하는 관객들은 더욱 공감할 수 있을 것이다.

모두에게 면죄부를 주고 자신이 마음의 짐을 진 포와로의 역할 또한 짚고 넘어갈 필요가 있다. 〈오리엔트 특급 살인〉에서 특급열차에 탄 등장인물들은 이전의 첫 번째 살인사건으로 인한 사건 트라우마와 그로 인한 인간관계 트라우마에 이어, 열차 안에서 벌어진 두 번째 살인사건으로 인한 또 다른 사건 트라우마를 계속해서 겪을 수 있었는데, 포와로는 그 연결고리를 끊으면서 그들이 트라우마에서 벗어날 수 있는 토대를 만들어줬다는 점은 의미 깊게 생각할 필요가 있다.

○ **누가 그들의 죄 앞에서 떳떳할 수 있을까?**

〈오리엔트 특급 살인〉에서 머릿속 생각, 가슴속 느낌은 관객의 성향에 따라서 다를 수 있다. 인간의 마음에 난 균열에 대해 느끼는 분노와 고통의 여부와 크기도 다를 수 있다. 이 작품은 인간의 본성에 대해 다시 생각하게 만드는 작품이다. '눈에는 눈, 이에는 이'라는 말이 떠오르는 함무라비 법전의 기본 정신이 떠오르기도 한다. 그들의 죄를 단죄해야 하는지 용서해야 하는지에 대해서는 의견이 갈릴 수 있는데, 그런 측면에서 하나 더 궁금해지는 질문이 떠오른다. 누가 그들의 죄 앞에서 떳떳할 수 있을까?

공황상태에서 보이는 동결 반응, 나도 모르는 내면에 숨겨둔 공포의 표출일 수 있다

°2018 한국예술종합학교 영상원 영화과 졸업영화제 상영작인 김수림 감독의 단편영화 〈앨리스 공황상태(Alice in panic)〉에서 지금껏 토끼를 쫓다 길을 잃은 앨리스는 추억의 장소와 마주한다. 이 작품은 감독의 의도를 제대로 따라가면 무척 와닿는 영화이지만, 막연히 바라보면 매우 상징적이고 추상적이라고 생각될 수도 있고, 반복해서 던지는 화두에 대한 답을 찾기 위해 영화 제목을 생각할 필요도 있다.

영화에서 앨리스의 공황(Panic)상태에 대해 공감하는 관객도 있을 것이고, 저 정도에 공황상태가 이를 수 있느냐고 의문을 제기하는 사람도 있을 것이다. 두 종류의 반응은 각각 살아온 삶에 따라 내면이 어떻게 형성돼 있느냐에 따라 달라진다. 공포영화를 같이 관람해도 어떤 사람은 무서움에서 헤어 나오지 못하고 어떤 사람은 오싹한 재미를 느낄 수 있었다고 즐거워할 수 있다. 감각적으로 예민한 정도에 따라 느끼는 강도와 깊이가 달라질 수도 있지만, 그보다 더 중요한 요소는 이전에 어떤 경험이 내면의 정서로 자리 잡았느냐이다.

 하지 않으려고 해도 무서운 생각이 자꾸 떠오르고 무언가 원인을 모르는 두려움과 불안함이 있는 사람은, 자신의 의식이 감당하지 못해 무의식으로 눌러놓은 상처로 인한 불안과 공포가 있을 것이다. 무의식으로 계속 눌러놓기 위해서는 마음을 동결해야 하는데, 이런 경우의 동결 반응은 일단 버틸 수 있도록 만드는 긍정적인 작용을 한다. 동결 반응은 애초에 효과적인 자기방어 기작으로 생긴 것이기 때문에, 시대와 생활이 바뀌어 오히려 좋지 않은 영향을 주는 경우도 있지만, 스스로를 보호해 생존하게 만드는 본연의 기능을 하기도 한다. 동결 반응이 나타난다고 해서 무조건 나쁜 방향으로 가고 있다고 단정하는 것도 위험하다.

 견딜 수 없는 마음의 상처로 인해 잠재된 불안과 공포, 분노, 슬픔, 울분 등이 내면에 억눌려 있는 사람은 그것을 직접 건드려 꺼내지 않더라도, 나와 직접적인 상관이 없는 외부적인 충격을 더 크게 느끼면서 공황상태가 될 수 있는 것이다. 이때 외부적인 충격은 나의 잠재적 공포가 표면화되도록 격발하는 트리거의 역할을 하는 것이다.

 즉 미투, 세월호, 신종플루, 조류독감, 구제역 등이 발생했을 때 국가적인 재앙이라는 외부 화약고만 느끼는 사람이 있고, 외부 화약고와 나의 내면에 내가 인지하지 못하는 내부 화약고가 둘 다 있는 사람이 있는 것이다. 표면적으로 외부 화약고가 내 마음에 와서 폭발하는 것처럼 보이지만 외부 화약고는 내부에 불을 붙이는 방아쇠의 역할만 할 뿐이지 당사자나 밀접하게 관계된 사람이 아니라면 실질적으로는 외부 화약고가 내 마음으로 들어와서 폭발하지는 않을 것이다. 잠재되고 억눌린 고통이라는 내부 화약고가 있는 사람은, 외부의 충격에 억누르고 있던 내면의 화약고에 불이 붙은 것이다.

국가적인 재앙의 당사자나 관계자가 아니면서도 그 충격과 공포를 당사자 못지않게 느끼는 경우, 그 강도가 다른 사람보다 월등히 크고 지속시간이 길어 도저히 생활을 하지 못할 정도로 힘들다면, 심리검사를 통해 심리상담, 심리치료를 받을지 여부를 결정할 필요가 있다. 내면의 화약고는 지금까지 동결 반응으로 인해 활성화되지 않았었지만, 외부의 다른 충격으로 인해 내면의 화약고가 건드려졌기 때문에 꺼내서 치료를 하거나 없애든 아니면 더 강하게 동결을 하든 결정해야 할 것이다. 가만히 두면 내면의 화약고에 점점 불이 붙어 폭발할 위험성이 있다.

영화나 드라마 속에서 주인공이 겪는 극한의 아픔을 똑같이 느끼고, 미투나 세월호 기사만 봐도 눈물이 펑펑 나는 사람은 주변 사람에게 유별나게 예민하다든지 아니면 오버하는 것이라는 핀잔을 들을 수도 있는데, 그런 주변의 반응은 몰라도 정말 몰라서 하는 잘못이다. 누군가 평범하지 않은 행동을 보이거나 특정한 것에 대해 격한 반응을 보인다면, 내재된 원인이 분명히 있을 것이다. 당장 이해하지 못하더라도 그 사람이 그런 반응을 보이는 이유를 먼저 들어주거나 아니면 있는 그대로의 모습을 그냥 인정해 주는 것이 필요하다.

별거 아닌 일에 쉽게 불안해하거나 공포를 느끼는 사람의 마음과 행동을 무시하면서, 나는 전혀 그런 쪽의 사람이 아니라고 생각하는 사람도 있을 것이다. 실제로 진짜 그럴 수도 있지만, 더 힘든 아픔을 꽁꽁 동결시켜 놓았을 수도 있다. 건드릴 수조차 없기 때문에 무의식의 영역에서 강하게 동결시킨 후 동결된 무엇이 있다는 것 자체도 철저하게 회피하며 버티고 있을 수도 있다. 누가 봐도 뻔뻔하다고 느낄 정도로 멘탈이 강한 사람이 어느 한 순간에 흔적도 없이 무너지는 경우가 있는데, 사람이 변한 게 아니라 원래 그런 사람이 철저하게 숨기며 버티고 있었던 것이다. 그렇기 때문에, 나는 해당되지 않는 사람이라고 자만하는 것은 위험하다.

다른 사람들은 잘 버티고 있는 일에 과도하게 상처받는 자신을 보면서 스스로를 한심하다고 생각하고 좌절할 수도 있는데 이 또한 내 마음 깊은 곳의 상처를 몰라서 하는 행동이자 생각이다. 상처는 치유하면 되는 것이다. 내가 왜 그러는지 알면 고칠 수 있다. 힘든 상황에 있는 나를 스스로 질책하기보다는, 그렇게 힘든데 잘 참았다고 스스로를 대견해하며 칭찬해주고 위로해줘야 한다. 아무도 나에게 너그럽지 않다면, 나부터라도 나에게 너그러워져야 한다. 그리고 충분히 너

그러워져도 된다.

○ **경제 공황, 공황장애 등의 단어를 통해 더 익숙해진 공황**

공황상태는 두려움이나 공포로 인해 갑자기 생기는 심리적으로 불안한 상태를 뜻한다. 공황 자체보다 경제 공황이라는 단어에 더욱 익숙할 수 있고, 공황장애(Panic Disorder)를 앓고 있다고 커밍아웃하는 연예인들로 인해 최근에 많이 알려지기 시작했다. 공황장애는 특별한 이유를 찾지 못하는 상황에서 예상치 못하게 나타나는 극단적 불안 증상인 공황발작(Panic Attack)이 나타날 수도 있다. 극도의 공포심과 죽을 것 같은 신체증상의 변화에 호흡 장애가 나타날 수도 있다.

〈앨리스 공황상태〉는 내면의 심리상태를 무척 상징적으로 표현하고 있다. 앨리스가 하는 대화는 내면의 이야기라고 볼 수 있는데, 영화 속 앨리스는 공황상태를 외적으로 표출하기보다는 공황상태 앞에서 움직일 수도 없는 동결반응을 보이는 쪽에 가깝다고 볼 수 있다.

○ **앨리스가 마주한 곳은 추억의 장소**

〈앨리스 공황상태〉에서 앨리스가 마주한 곳이 추억의 장소라는 점에 주목할 필요가 있다. 과거 추억의 장소는 두려움이나 공포가 생기는 원천이 되는 장소일 수도 있고, 아니면 두려움이나 공포 이전의 단계를 뜻할 수도 있다. 두려움이 생긴 원인일 수도 있지만, 두려움을 치유하고 없앨 수 있는 깨끗한 공간이라는 상반된 두 가지 해석이 영화 속에서는 모두 가능하다. 물론 어떤 해석을 내리느냐에 따라 정반대의 정서를 느끼고 신택하게 될 것이다.

○ **세상의 수많은 앨리스들에게**

〈앨리스 공황상태〉는 왜 토끼를 쫓는지를 모르고 토끼를 쫓는 앨리스에 대해 이야기한다. 모두 각자의 토끼가 있다고 말하면서, 앨리스는 토끼 없이 어디로 가야 할지를 모르겠다고 말한다. 세상의 수많은 앨리스들에게 감독이 마지막으로 남긴 희망의 메시지는 친절하게 설명돼 있는 것 같기도 하지만 디테일을 따라가다 보면 여전히 다분히 상징적이라는 것을 느낄 수 있다.

갑자기 생기는 두려움이나 공포는 각자에 따라 다를 수 있고, 또한 특별한 이유 없이 발생하기 때문에, 지나치게 구체화해서 표현하는 것은 현실적으로 한계가 있다. 만약, 관객과의 대화(GV: Guest Visit)를 한다면 관객들은 감독에게 앨리스의 내면 심리에 대해 많은 질문을 할 것인데, 그 질문 또한 각자의 경험과 현재의 상황에 따라 전혀 다른 방향으로 제시될 가능성이 많다고 생각된다.

동결 반응으로 무반응인 관객이
분노하는 관객보다 더 충격 받았을 수 있다

°영화 속 등장인물이 동결 반응을 보일 수도 있지만, 관객이 영화를 보면서 동결 반응을 일으킬 수도 있다. 무섭거나 충격적인 장면에서 소리를 지르는 관객이 있고, 소리를 지르지 않고 담담한 것처럼 보이는 관객이 있는데, 담담한 것처럼 보이는 관객은 실제로 담담할 수도 있고 너무 충격 받아서 반응을 보일 수도 없는 경우도 있다.

장례식장에 가면 가족의 죽음 앞에서 눈물을 흘리지도 않는 사람이 있다. 전혀 눈물을 흘리지 않을 경우 고인과 사이가 별로 좋지 않았냐고 생각하는 문상객이 있을 수도 있지만, 그럴 정도가 되면 장례식장에 오지 않았을 것이다. 가족의 죽음을 인정할 수 없기에 자신의 마음이 동결된 것이고 울 수조차 없었던 상황이었을 가능성이 많다. 화장터에 들어가거나 관을 묻을 때 비로소 참았던 눈물을 흘리게 되는 사람은 슬픔의 크기가 작아서 그런 게 아니라, 자신의 슬픔을 감당할 수가 없어서 3일 동안 회피하고 있다가 마지막 순간에 직면함으로써 소급해서 설움에 북받쳐 울 수도 있다. 주변 사람들이 그 사람을 보면서 여태 울지 않다가 이제야 반성했다고 추정하는 것 또한 내면의 움직임을 전혀 모르고 하는 말이나 생각일 가능성도 많다.

고(故) 홍기선 감독의 〈1급기밀(The Discloser)〉은 3명의 실존 인물의 이야기를 모아서 만든 영화로 방산비리에 관련된 실화를 바탕으로 만들어졌다. 다큐멘터리 같은 느낌을 주는 이 작품에 대해 "영화 안에 홍기선 감독이 살아있다."라고 출연 배우 및 스태프들은 표현했다. 한참 전에 일어났던 과거만의 일도 아니고, 최근에 발생한 새로운 사건도 아니라, 과거부터 계속 진행된 현재진행형의 이야기라는 것이 영화를 보면서 느껴지는데, 무거운 주제이지만 영화적 재미도 살아있다는 점이 주목되는 작품이다.

〈1급기밀〉에는 방산비리로 인한 부품 결함으로 전투기 추락 사고가 발생해 목숨을 잃는 장면이 나온다. 어떻게 저럴 수 있냐고 분노를 참지 못하는 관객도 있지만, 무슨 말을 하지도 못하는 관객도 있다. 만약 그런 관객에게 분노의 감정을 말하며 당신은 어떻게 느꼈냐고 묻는 것을 다그친다면 뭐라고 대답하지 못할 수도 있다. 폐쇄된 공간에서 실제보다 더 실제 같은 강렬한 사운드와 영상에 몰입하고 감정이입해 영화를 관람하면, 강렬한 분노와 공포는 그대로 관객에게 전달될 수 있고, 관객이 그 분노와 공포를 매우 크게 받아들여 감당할 수 없다면 동결 반응을 보이며 오히려 외적인 반응은 없을 수도 있다. 그런 사람에게 분노도 느끼지 않냐고, 어떻게 저런 영화를 보고 가만히 있을 수 있냐고 나무란다면 본의는 아니겠지만 그 사람을 두 번 공격하는 것이 된다.

<1급기밀>에서 관객이 동결 반응을 보이게 된다면 영화 자체에서 받은 충격 때문일 수도 있고, 영화 속에서 동결 반응을 보인 박대익 (김상경 분)의 영향 때문일 수도 있다. 박대익에게 감정이입했기 때문에 같이 느꼈을 수도 있고, 그 전까지는 박대익에게 감정이입하지 않았다고 하더라도 박대익이 동결 반응을 보이는 그 순간에 감정이 전이돼 관객도 같이 동결 반응을 일으킬 수도 있다,

○ 항공기 추락사고 후 대책 회의에서 박대익의 동결 반응! 분노하지 않고 무반응인 관객이 더 강하게 충격을 받은 상태일 수도 있다!

<1급기밀>에서 강영우 대위(정일우 분)가 전투기 추락 사고를 당한 뒤 열린 대책 회의에서 항공부품구매과 중령 박대익은 아무런 반응을 하지 못한 채 얼어버리는 동결 반응을 보인다. 무언가로부터 견디기 힘든 강한 위협을 받으면 아무런 동적 반응을 하지 못한 채 그 자리에서 멍하니 멈춰 서게 되는데, 이는 위협을 직면했을 때 감당하지 못하기 때문에 어쩔 수 없이 선택하게 되는 회피의 일종이다.

동결 반응을 보일 경우 다른 사람에게 속마음을 다 들키게 되는데,

이는 무책임한 것이 아니라 생존을 위해 무의식적으로 최선을 다하고 있는 것이다. 원시인들이 무서운 동물과 마주쳤을 때 동결 반응을 보이며 움직이지 않음으로써 살아났었고, 이는 그 상황에서 최선을 다한 선택이었다.

〈1급기밀〉을 보면서 분노하고 흥분하는 관객도 있을 것이고, 별 반응을 보이지 않으면서 거의 고정된 자세로 영화를 끝까지 보는 관객도 있을 것인데, 동결 반응이라는 측면에서 보면 아무런 반응을 보이지 않는 관객이 더욱 감정이입해 공감하고 있을 수도 있다.

○ **폭풍전야의 고요함, 갈등의 격발 전 경쾌함 속에 감춰진 긴장감**

〈1급기밀〉에서 박대익을 비롯해 탐사보도 전문기자 김정숙(김옥빈 분), 군수본부 외자부장 천장군(최무성 분), 군수본부 소속 대령 남선호(최귀화 분), 항공부품구매과의 실세 황주임(김병철 분)은 폭풍전야의 고요함, 갈등의 트리거 전 경쾌함 속에 감춰진 긴장감을 표현한다. 정보제공자에 대한 신원, 비밀 보장이 지켜질지, 가족 같은 사람, 가족이라고 생각하는 사람들을 배신하겠다는 결단을 해야 하는지에 대해 관객은 등장인물 못지않게 마음속 선택을 하며 영화를 볼 수 있다.

○ **상반된 내용의 대비, 관객 또한 순간의 선택을 하며 스토리텔링을 따라가게 된다**

1급기밀이 아닌 1급조작 같은 영화의 이야기는 상반된 내용의 대비를 통해, 관객 또한 순간의 선택을 하며 스토리텔링을 따라가게 만든다. '안이한 불의의 길'과 '험난한 정의의 길', '배신자인가?'와 '내부고발자인가?'에 대한 갈등, '죄책감'과 '정의감'사이의 혼란, '같은 군인을 죽게 만드는 명령'이라고 봐야 할지 '어쩔 수 없는 소수의 희생'이라고 볼 수밖에 없는지에 대해 관객은 체험형 영화처럼 몰입하게 되는데, 이 또한 다큐멘터리적 요소라고 볼 수 있다.

○ 박대익 중령은 선의 대변인인가? 남선호 대령은 악의 대변인인가?

〈1급기밀〉에서 박대익 중령은 선의 대변인이고, 남선호 대령은 악의 대변인처럼 볼 수도 있으나, 그 순간에 그 시간에 어떤 선택을 하느냐에 따라 두 사람의 운명은 바뀔 수도 있었고, 누구나 박대익과 남선호의 갈림길에 설 수도 있다. 어떤 선택을 하느냐에 따라 판이하게 다른 삶을 살게 될 수 있고, 가치관과 신념 또한 달라질 수 있다. 최귀화가 남선호 역이 아닌 박대익 역을 맡았으면 어땠을까? 몰입해 연기한 배우의 감정에는 어떤 변화가 있었을까? 반대로 김상경이 박대익이 아닌 남선호 역을 맡았으면 어땠을까? 질문은 쉽게 할 수 있지만, 대답은 생각보다 쉽지 않을 수 있다. "아빠는 바보 같은 군인이지만 세상에서 가장 용감한 군인"이라는 가족의 말은 한 사람의 용기와 희생이 어떤 가치를 가질 수 있는지를 알려주고 있다.

난 왜 저항하지 못했나

동결 반응을 겪을 정도의 공포와
트라우마를 제대로 치유하지 못하면,
사람을 죽이는 것에 대해서도 죄책감을
느끼지 않는 반사회적 인격장애자가
될 수도 있다

°장준환 감독의 〈1987(1987:
When the Day Comes)〉은 1987년에 발생한 박종철 고문치사 사건
과 이한열 열사의 죽음이라는 실화를 바탕으로 만들어졌다. 턱 치니
억하고 죽었다는 경찰의 사망 발표와 시위 참여 중 전경이 쏜 최루탄
을 맞고 사망한 사건은 6월 항쟁과 6·25선언의 도화선이 됐다.

　〈1987〉에서 동결 반응을 찾는다면 고문 장면과 시위 진압 장면을
먼저 떠올릴 수 있는데, 전혀 예상하지 못했던 인물의 동결 반응도 있
다. 고문으로 동결 반응을 일으킨 가해자가 과거에 동결 반응을 겪었
다는 것이 영화 후반부에 나타난다. 고문 기술자 박처장(김윤석 분)
은 무자비한 공포로 상대를 동결하게 만드는 인물인데, "내 식구들이
죽어나가는데 손가락 하나 까딱 못했다."라고 말하며 자신이 어릴 적
겪었던 지옥에 대해 말한다. 움직이지도 못할 정도로 견딜 수 없는

공포를 겪으면서 동결 반응을 보인 것이다. 동결 반응을 일으킬 정도의 공포와 상처가 긍정적으로 치유되지 않고, 분노로 잘못 이어질 경우 박처장과 같은 상황이 될 수 있다는 점은 숙연하게 만든다. 마음의 상처는 당사자를 위해서도 치유되어야 하지만, 주변 사람들이나 아니면 다른 제삼자를 위해서도 상처는 치유되어야 한다는 것을 알수 있다.

<1987>은 15세 관람가이다. 1987년 당시 15세 인근이었고 현재는 15세가 잘 기억나지 않는 나이인 필자에게도, 영화를 보는 내내 그냥 과거의 일이라고 생각되지 않을 정도로 가슴을 긁고 가는 듯한 아픔에 눈물을 흘리게 만든 작품이다. 30년이 지난 지금, 아직도 그때의 트라우마에 시달리는 사람들이 많은데, 영화를 찍으면서 몰입해 감정이입한 배우들이 겪었을 트라우마 또한 마음 아프게 다가온다. 고문을 하는 역할을 하는 사람, 고문을 받는 역할을 하는 사람 모두 촬영하면서 시대의 아픔을 직면했을 것인데, 고문을 하기도 하고 받기도 한 조반장을 소화한 박희순이 느꼈을 마음이, 아픈 시대가 아직 현실로 이어지는 우리의 현주소일 수 있다.

○ 시대의 아픔은 시간이 지나가면 아름답게 기억될 수도 있지만, 시대의 아픔 속 개인의 아픔은 씻을 수 없는 트라우마를 남길 수 있다

약간 떨어져서 다소 객관적인 시야를 유지하려고 노력하면서 보면,

난 왜 저항하지 못했나

시대의 아픔은 시간이 지나가면 아름답게 기억될 수도 있다. 그때 그 시절이 있었기에 우리 사회가 발전하는 기틀이 마련됐다고 자랑스럽게 말할 수도 있다. 그러나 개인으로 구체적으로 들어가면 이야기는 달라진다. 시대의 아픔 속에 개인의 아픔은 다른 사람들의 관심에서 점차 멀어지고 결국 그 트라우마는 본인과 가족, 그리고 가족 같은 사람에게만 남을 수 있다. 사회는 책임지지 않고 결국 희생자의 몫으로만 남을 수 있는 것이다.

○ 박종철이 아닌 한병용에 집중된 고문 장면, 장준환 감독의 세심한 선택

〈1987〉에는 고문 장면이 나오는데, 박종철(여진구 분)보다 교도관 한병용(유해진 분)의 고문 장면이 더 많이 더 자세하게 나온다. 교도관이지만 길거리에서 검문에 곧잘 걸리는 한병용을 관객에게 가깝게 가도록 만든 후, 실제 고문 장면은 한병용에게 집중함으로써 역사의 아픔을 역사적 사건에만 머물게 하지 않고 누구에게도 닥칠 수 있는 일이라는 것을 보여준 것이다. 직접적인 충격을 완화하면서 결국을 충격을 더 세게 느끼게 만든 것이라고 볼 수 있다. 박종철로 직접 표현하지 않고 간접적으로 표현했기 때문에 직접적인 충격을 완화해, 관객들로 하여금 방어기제를 줄이게 만들었다. 그러면서도 현실적으로 더 공감이 되도록 만들어 더욱 강력한 메시지를 진하게 전달한 것이다.

○ 조반장에 대한 분노감, 결국 이것 또한 우리의 아픔

〈1987〉에서 다른 사람의 잘못까지 떠안은 조반장은 왜 고문했는지 밝히려는 조사 과정에서 자신 또한 고문을 당한다. 조반장이 고문을 당할 때 처음에 당해도 싸다는 생각을 잠시 한 관객도 있을 수 있을 것이다. 마치 함무라비 법전을 내민 것처럼, 똑같이 당해봐야 안다고 생각할 수 있을 것이다. 그렇지만 그렇게 생각하는 것 역시 또 다른 폭력의 연속일 수 있다. "이 손으로 때려잡은 사람들의 비명소리가 머릿속을 빙빙 돌아요."라고 영화에서 조반장은 말하는데, 그냥 다 같은 가해자라고 볼 수도 있지만 가해자인지 가해자의 대리인지, 양심의 가책과 죄책감이 있는지 없는지를 나눠 생각할 필요도 있을 것이다.

○ 사건성 트라우마와 대인관계 트라우마

트라우마는 크게 특정한 사건에 의해 발생하는 '쇼크 트라우마(shock trauma), 사건 트라우마(incident trauma)'와 반복된 대인관계에서 발생하는 '대인관계 트라우마(interpersonal trauma)'가 있다. 자동차 사고, 비행기 사고같이 예기치 못한 특정 상황이 발생하면 사건 트라우마가 생길 수 있는데, 그 상황을 극복해 빠져나오면 트라우마 또한 극복될 수 있다. 대인관계 트라우마는 반복되고 지속적인 대인관계에서 발생하는 트라우마로 관계성이 작용하기 때문에 더욱 극복

난 왜 저항하지 못했나

하기 힘든 트라우마이다. 왕따를 당했을 때 겪는 트라우마가 대인관계 트라우마이다.

〈1987〉의 트라우마는 발생 측면에서 볼 때 고문이라는 특정 상황에 의해 발생하는 사건 트라우마이다. 그런데, 사건에만 머물지 않고 지속적인 대인관계에 영향을 미치는 트라우마로 커져 결국 대인관계 트라우마가 된다. 〈1987〉은 사건 트라우마와 대인관계 트라우마가 엮어져 있기 때문에 강도와 아픔의 지속성 측면에서 더욱 힘들게 다가오는 것이다.

○ 배우들이 겪을 수 있는 트라우마, 피해자 역뿐만 아니라 가해자 역도 마찬가지이다

영화를 비롯한 모든 예술작품에서 배우는 완벽하게 등장인물이 돼 몰입하고 감정이입하기를 은연중에 그리고 노골적으로 강요받을 수 있다. 물론 배우 자신도 연기를 위해 누구보다도 자신이 앞장서서 캐릭터를 구현하려고 한다. 그렇지만, 영화가 끝난 후, 역할이 끝난 후, 등장인물과 하나 됐던 배우가 원래 자신으로 돌아오는 것에 다른 사람들은 아무도 책임지지 않는다. 다시 원위치로 돌아오는 것은 온전히 배우의 몫이라고 당연히 여기는 풍조가 만연해 있는 것이 사실이다.

영화를 함께 한 배우들이 겪는 트라우마는, 유해진, 박희순, 강동원

처럼 피해자 역할을 한 배우뿐만 아니라 김윤석(박처장 역)처럼 가해자 역할을 한 배우, 하정우(최검사 역), 김태리(연희 역), 이희준(윤기자 역)처럼 가까운 주변인의 역할을 한 배우들에게 모두 비슷하게 적용될 수 있다. 배우들의 연기에는 관심이 지대하지만 그들이 겪을 수 있는 트라우마에는 별로 관심이 없는 것은, 실제로 트라우마를 겪고 있는 사람들에 대한 우리의 시야와 별로 다를 것이 없게 보이기도 한다.

김윤석이 소화한 박처장은 "내 식구들이 죽어나가는데 손가락 하나 까딱 못 했다."라고 말하며 자신이 어릴 적 겪었던 지옥에 대해 말한다. 움직이지도 못할 정도로 견딜 수 없는 공포를 겪으면서 동결 반응을 보인 것인데, 만약 박처장의 동결이 어린 시절에 제대로 치유받을 수 있었다면 목적을 위해서는 사람을 죽이는 것에 대해서도 죄책감을 느끼지 않는 반사회적 인격장애자로 크지 않았을 수도 있다고 생각된다.

〈1987〉을 관객들이 각 개인의 정치적인 시야로 볼 경우 각각 전혀 다르게 받아들일 수도 있다. '인간의 존엄성'이라는 측면에서, 상대를 이해하는 것과 용서하는 것을 별개로 놓고 영화를 바라보는 것도 좋은 선택이라고 생각된다. 1987년에서 30년이 지난 오늘, 사회와 우리는 '인간의 존엄성'을 얼마나 중요하고 소중한 가치라고 여기고 있는지 생각하게 된다.

작은 동결 반응도 동결 반응이다,
작은 동결 반응도 방어기작의 하나이다

　　　　　°쇼플레이 제작, 오픈리뷰, 마케팅 컴퍼니아침 주관 〈베어 더 뮤지컬(bare the musical)〉은 2017년 11월 28일부터 2018년 2월 25일까지 백암아트홀에서 공연된 작품으로, 직면하기 어려운 현실을 극중극의 투사로 풀어내고 있다.

　보수적인 가톨릭계 고등학교에 다니며 동성인 피터(윤소호, 강찬, 정휘 분)와 킹카 제이슨(고상호, 임준혁, 노윤 분)은 비밀 교제를 하는데, 피터는 커밍아웃을 원하지만 제이슨은 자신이 가진 모든 것을 잃을까 이를 거부한다. 예쁜 외모로 인기와 질투를 함께 받는 아이비(양서윤, 허혜진 분)는 자신이 좋아한 제이슨이 남자 또한 좋아한다는 사실에 본의 아니게 직면하게 돼 멈칫하게 된다. 전혀 예상하지 못한 상황에 충격을 받아 약한 동결 반응을 보인 것인데, 작품의 주인공이 피터와 제이슨이 아닌 아이비와 제이슨이었다면 아이비는 아무것도 못하고 그 자리에서 얼어버리거나 정신을 잃고 바로 쓰러지는 강한 동결 반응을 보인 것으로 표현됐을 수도 있다.

동결 반응은 감당할 수 없는 외부 충격에 대한 인간의 방어기작이다. '감당할 수 없는'에 초점을 둘 경우 정말 아무것도 못 할 정도로 얼어버리는 강한 동결 반응만 동결 반응이라고 생각할 수도 있으나, '방어기제'라는 점을 염두에 두면 약한 동결 반응도 발생할 것이라는 점을 추측할 수 있다. 어떤 사람이 손가락으로 책상을 똑똑 두드리면 주변 사람들은 순간 멈칫하며 소리가 난 쪽으로 집중하게 되는데 이런 현상은 약한 동결 반응이라고 볼 수 있다. 누군가가 손뼉을 '짝' 하고 갑자기 쳤을 때 반응하는 나의 행동을 곱씹어보면 정확히 알 수 있다. 그때 나는 내가 하던 행동을 그대로 하면서 손뼉 소리가 난 곳을 인지하기보다는, 잠시 내가 하고 있던 행동과 생각 등을 잠시 멈추고 손뼉 치는 소리가 난 곳으로 집중했었다는 것을 확인할 수 있을 것이다.

약한 동결 반응도 동결 반응이라는 게 뭐 그리 중요한 의미를 지니는지 궁금한 사람도 있을 것이다. 강한 동결 반응처럼 엄청난 사건이 초래되는 것도 아니기 때문이다. 작은 동결 반응의 중요성도 알 필요가 있는 이유는, 동결 반응이 방어기작이라는 점을 제대로 알고 받아들이기 위해서이다. 즉, 의식적으로 동결 반응을 사용하는 것이 아니라 무의식적으로 동결 반응이 방어기작으로 펼쳐진다는 점을 염두에 두어야 한다. 강한 동결 반응에 대한 기억이 없다고 해서 나는 동결 반응과는 상관없는 사람이라고 생각하는 것은 위험할 수 있다. 의식이 아닌 무의식의 방어기작이기 때문에, 감당할 수 없는 상황이 되면 누구나 동결 반응이 올 수 있다.

〈베어 더 뮤지컬〉은 고등학교 내에서 벌어지는 이야기이지만 편하게만 볼 수는 없는데, 등장인물들이 감당하기 어렵기 때문에 직면하기 어려운 뮤지컬 속 문제들은 관람하는 관객들에게도 동일하게 적용된다. 관객들은 긴장감을 가지고 집중해서 관람해야 하고, 마음속에서는 회피하고 싶은 상황도 직접 눈으로 봐야만 하기 때문에 가볍게 관람하기는 쉽지 않은데, 극중극의 투사, 재미있는 안무를 통해 긴장을 이완하며 조절한다는 점이 눈에 띈다.

○ **직면하기를 두려워하는 마음! 엇갈린 사랑과 우정 사이에 있는 청소년들에게는 더욱 그러하다**

듣고 싶지 않은 이야기, 듣고 나면 감당할 수 없을 것이라고 생각돼 두려운 이야기, 마음의 준비가 아직 안 됐고 직면 후의 상황을 감당하기 힘든 이야기가 〈베어 더 뮤지컬〉에는 다양하게 담겨 있다. 동성 친구인 피터의 마음을 받아들인 킹카 제이슨 피터가 커밍아웃 해 당당하게 관계를 밝히려는 상황에 직면하지 않으려고 한다. 또한, 예쁜 외모로 인기와 질투를 함께 받는 아이비가 자신을 좋아한다고 하는 고백을 들으려고 하지 않는다. 제이슨이 남자가 아닌 다른 여자와 사귀고 있었으면, 가장 인기 있는 아이비가 적극적으로 마음을 표현했을 때 그 마음에 바로 응답했을 수도 있다.

피터의 엄마인 클레어(정영아, 도율희 분)는 진실을 거부한다. 아들이 어떤 이야기를 할지 이미 눈치채고 있으면서도 확인하고 싶지 않다. 피터의 말에 직면한다는 것은 피터의 마음을 인정할지를 결정해야 한다는 것을 뜻할 수 있기에, 아예 듣지 않는 방법을 선택하는 것이다. 만약, 강도가 훨씬 센 충격이었으면 회피 이상의 반응을 보였을 수도 있다.

아이비는 맷(이동환, 도정연 분)이 자신을 좋아한다는 것을 알고 있지만 맷의 고백을 듣고 싶지 않다. 자신의 마음은 이미 제이슨에게 가 있기 때문에, 맷의 고백에 직면해 거절하고 싶은 마음조차 감당하기 싫은 것이다. 자신이 좋아한 제이슨이 남자 또한 좋아한다는 사실에 본의 아니게 직면 당한 아이비는 멈칫하게 되는데, 아이비가 메인 주인공인 이야기였다면 아무것도 못하고 그 자리에서 얼어버리거나 정신을 잃고 바로 쓰러지는 동결 반응이 펼쳐졌을 것이다.

직면하기 두려워하는 마음은 실제로 누구나 있을 수 있다. 직면을 하기가 쉽지 않기 때문에 정면 돌파를 하는 경우 주목받는 것이기도 하다. 〈베어 더 뮤지컬〉의 이야기는 제이슨, 아이비, 클레어뿐만 아니라 관객들도 직면하기 무척 어려운 면이 있다. 그럼에도 불구하고 재관람하는 관객들이 많다는 것은 작품이 가진 높은 완성도와 함께, 직면하지 못하는 우리 각자의 현실을 무대 위 제이슨, 아이비, 클레어에 투사해 바라볼 수 있기 때문일 수도 있다.

난 왜 저항하지 못했나

○ 극중극 형태를 통한 투사, 안무를 통한 완급 조절과 강약 조절

〈베어 더 뮤지컬〉에는 등장인물들이 〈로미오와 줄리엣〉을 공연하는 극중극의 이중구조를 가지고 있다. 중요한 점은 극중극이 스토리텔링을 진행하게 하는 도구일 뿐만 아니라 등장인물의 마음을 투사해 표현할 수 있게 만든다는 점이다. 〈베어 더 뮤지컬〉 속 인물이 〈로미오와 줄리엣〉 배역은 분리해서 봐도 이야기가 되고, 같은 인물이라고 봐도 이야기가 성립된다. 내면을 전달하기 위해 똑같은 이야기를 부연하기보다는 비유와 감정이입을 동시에 사용한 방법은 똑똑한 선택이다.

뮤지컬과 애니메이션에는 지루해질 만하면 등장해 웃음을 선사하고 긴장을 이완하는 캐릭터가 일반적으로 존재한다. 〈베어 더 뮤지컬〉에서 신부(제병진 분)와 샨텔 수녀(정영아, 도율희 분)가 가끔 웃음을 주기는 하지만 웃음 전담 캐릭터는 아니고, 실제로 그 역할을 안무가 담당한다. 진지한 이야기가 가진 긴장감을 말로 훼손하지 않으면서도 시각적으로 완충하는 방법을 선택한 것인데, 뮤지컬의 장점을 잘 활용했다고 볼 수 있다. 깔깔 웃게 하지도 않으면서 대놓고 펑펑 울 수 있게 하지도 않으면서, 재관람률을 87%에 육박하게 만드는 작품이 가진 힘은 놀랍다.

〈베어 더 뮤지컬〉은 기숙학교의 이야기로 교복을 입고 등장하는 장면이 많은데, 스타킹으로 등장인물의 캐릭터를 표현한다는 점이 주

목된다. 흰색 줄무늬 세 개가 있는 검은색 스타킹의 아이비는 단아하면서도 끝까지 일관되게 밋밋하지는 않은 성격을 가지고 있다. 나디아(김지혜 분), 타냐(이다솜 분), 카이라(박시인 분), 다이앤(구다빈 분), 로리(권소이 분)의 성격 또한 스타킹 또는 양말의 스타일로 추정할 수 있다. 루카스(박성광 분), 잭(김영호 분), 앨런(김찬종 분) 또한 교복의 작은 변화로 서로 다른 캐릭터를 표현하고 있다.

세상 앞에 보여주고 싶은 마음과 세상 앞에서 숨을 수밖에 없는 현실, 마음이 끌리는 사랑과 몸이 끌리는 사랑, 이런 상반된 모습의 이야기가 지속적으로 관객들에게 관심을 받는다는 것은 사회가 점차 다양성을 인정하는 방향으로 나아가고 있다는 희망을 가지게 만든다. 피터는 제이슨에게 "나한텐 니가 전부야."라고 말한다. 무척 아름답고 무척 감미롭지만 무척 마음 아픈 말이기도 하다. 상대가 그렇게 받아주는지에 관한 제1차적 관문을 통과하더라도, 당사자가 아닌 다른 사람들의 세상에서 그냥 인정해줄 수 있는지의 제2차적 관문을 통과하는 과정에서 더 이상 네가 전부가 아니게 될 수도 있고, 나 또한 아무것도 남아있지 않게 될 수도 있기 때문이다.

동결 반응을 보이지 않는 빨강머리 앤, 끊임없는 상상력으로 동결 반응을 예방하다

°극단걸판이 만든 뮤지컬 〈앤 ANNE〉 앙코르 공연이 2018년 1월 3일부터 2월 4일까지 드림아트센터 2관 더블케이씨어터에서 공연됐다. 걸판여고 연극반이 공연할 작품으로 〈빨강머리 앤〉을 선정하면서 펼쳐지는 극중극 형태의 공연인데, 동결 반응이라는 개념을 알고 나면 어릴 적 반복적인 입양을 겪는 빨강머리 앤과 같은 상황이라면, 입양됐던 가족과 헤어졌을 때, 세상에 아무도 도와주는 사람이 없고 나는 할 수 있는 게 없다고 느껴질 때 동결 반응을 겪을 것 같은데 앤은 의외로 동결 반응을 겪지 않는다는 점이 주목된다. 실제로 앤의 내면의 동결 반응을 작품이 잘 표현하지 못한 것이 아니라, 앤의 행동으로 인해 동결 반응을 예방했다는 점은 의미 있게 바라볼 필요가 있다.

앤은 쉽게 견디기 힘든 자기의 현실에 직면함과 동시에 거기에 경직돼 동결 반응을 보이며 멈춰 있기보다는 앞으로 나아가고 있다는 점이 눈에 띈다. 앤은 혼자 있을 때도 꾸준히 상상력을 발휘한다. 상상력을 발휘한다는 것은 현재의 상황에 매몰되기보다는 현재를 탈피한 상황을 지속적으로 바라본다는 것을 뜻하고, 생각과 사고가 어느 지점에서 멈춰 있거나 공회전되는 것이 아니라 계속 움직인다는 것을 뜻한다. 앤의 상상력은 태어난 기질의 발휘일 수도 있고, 생존을 위한 노력이라고 볼 수도 있는 이유이기도 하다.

상황이 좋지 않음에도 불구하고 지속적인 상상력을 발휘해 동결 반응을 예방한다는 점은 〈앤ANNE〉에서 캐릭터의 독창성을 만드는 요소가 되고 있다. 감당하기 힘들 때 나타나는 방어기작이 동결 반응이라는 기준에서 볼 때, 앤의 끊임없는 상상력은 버팀과 생존을 위한 노력이자 동결 반응을 방지하도록 마음을 다지는 역할을 하고 있는 것이다.

앞으로 나아가지도 못하고 그렇다고 동결돼 멈춰 있는 것도 아닌데, 현재를 극복하려고 계속 노력하고 있는데도 공회전 되는 것 같은 느낌을 받은 경험이 있는 독자가 있을 것이다. 이 글을 읽는 지금도 그런 상황인 독자도 있을 것이다. 기계도 제대로 최대한의 효율을 내면서 작동할 때 고장이 나기보다는 공회전되거나 효율이 현저하게 저하될 때 고장이 나는 것처럼, 사람도 생각이나 마음이 공회전될 때 머리가 무거워지고 편두통이 생길 수 있다.

사랑에 있어서도 마찬가지이다. 내가 상대방을 사랑하는 게 확실하거나 사랑하지 않는 게 확실할 때, 상대방이 나를 사랑하는 게 확실하거나 사랑하지 않는 게 확실할 때는 사랑을 향해 질주하거나 포기하게 된다. 만약 관계를 돌리기 위해 노력한다면 당장은 마음이 아프지만 확실한 목표를 가지고 몸과 마음을 움직이기 때문에 에너지가 생기고 그에 따라 관계가 좋아질 가능성이 높아진다.

그렇지만, 내가 상대방을 확실히 좋아하는 것도 아니고 그렇다고 관심이 아예 없는 것도 아니고, 상대방 또한 내게 마음이 있는 것 같기도 하지만 분명함이 없기 때문에 그렇게 받아들이는 게 오버하는 것 같을 때, 마음이 공회전되고 마음이 공회전되는 시간이 지속되면서 생각도 공회전되기 때문에 머리가 깨질 듯 아픈 편두통을 겪을 수 있다. 사랑 때문에 머리가 지끈지끈 아프다고 하면 감정의 사치라고 말하는 사람이 있을 수도 있지만 마음과 생각의 공회전을 겪어 본 사람은 공감할 수 있을 것이다. 이런 공회전에 반복되는 편두통을 겪게 되면 살기 위해 더 이상 마음과 생각을 움직이지 않는 동결 반응을 무의식이 선택할 수 있다. 이때 앤과 같은 긍정적인 상상력은 도움을 줄 수도 있다고 여겨지는데, 앤과 같은 상상력은 익숙해지기 전까지는 스스로를 뻘쭘하고 민망하게 만들 수 있는데 이 또한 연습과 반복을 통해 극복될 수 있다.

○ 극중극 형태로 만든 장점을 잘 살리고 있는 작품

〈앤ANNE〉은 걸판여고 연극반이 공연할 작품으로 〈빨강머리 앤〉을 선정하면서 펼쳐지는 극중극 형태의 공연이다. 흥미로운 점은 공연 연습을 하면서 앤의 역할을 여러 명이 나눠하는데, 이런 설정을 포함한 극중극 형태의 장점을 〈앤ANNE〉은 잘 살리고 있다. 극중극은 제작진이 하고 싶은 이야기를 원작을 가능한 보존한 채 반영할 수 있다는 장점이 있다. 원작에 대한 제작진의 시야를 별도로 첨부할 수 있고, 현대적인 해석을 손쉽게 포함할 수도 있다.

〈앤ANNE〉은 앤1(송영미, 임소윤 분), 앤2(신혜지 분), 앤3(임찬민 분)으로 앤 배역을 돌아가면서 맡는 설정인데, 앤에게 집중되는 뮤지컬 넘버를 분배하는 역할을 하기도 하며 상황 변화에 따른 앤의 미세한 캐릭터 변화를 자연스럽게 녹여낼 수 있게 만든다. 또한 엔딩곡 '내가 앤이야'같이 커튼콜에서 앤의 합창을 더욱 웅장하고 풍성하게 표현할 수 있는 장점도 있다. 한편, 커튼콜 시간에 미리 나눠 준 악보를 연습한 후 같이 부르는 싱얼롱 데이에는 관객들의 호응도 꽤 높았다.

앤을 맡은 배우가 한 명이 아닌 것은 관객의 감정이입에도 도움이 된다. 관객은 자기에게 더 와닿는 앤이 있을 것인데, 한 명이었으면 특정 사람의 이야기로 초점이 맞춰질 수도 있지만 여러 명이 앤의 역할을 하면서 누구든 앤처럼 태어날 수 있다는 뉘앙스가 전달된다는 점 또한 짚고 넘어갈 만하다.

난 왜 저항하지 못했나

○ 소극장 뮤지컬에서 표현할 수 있는 친밀한 거리, 성악과 기악의 볼륨 조
절에 의한 높은 가사전달력

〈앤ANNE〉은 소극장 뮤지컬의 장점 또한 잘 살리고 있다. 큰 무대
전환 없이 노래와 이야기로 채우는 미니멀리즘을 선택하고 있으며,
앙코르 공연답게 성악과 기악의 볼륨 조절도 뛰어났는데 이는 가사
전달력을 높이는 역할을 했다. 독신 남매인 매슈(차준호, 지하 분)와
마릴라(최현미)는 앤의 보호자이면서 때로는 친구처럼 느껴지는데, 앤
과 친밀감의 거리 안에서 이야기를 펼치기 때문에 더욱 개연성 있게
느껴진다.

앤과 린드 부인(이혜원 분)의 갈등, 다이애나(조혜령 분) 및 길버트
(서대홍 분)와 친해지고 멀어지는 것 또한 대극장에서 표현됐더라면
관객들에게 상대적으로 사소하게 전달됐을 수도 있다. 앤이 필립스
(유원경 분)와 찰리(조흠 분)를 좋아하지 않는 것을 대극장에서 부각
해 표현했으면 적대감을 느끼고 있는 것으로 관객들이 오해할 수도
있었을 것이다.

○ 질주와 절제가 모두 가능한 임찬민, 시원시원한 가창력을 발휘하다

〈앤ANNE〉에서 임찬민은 소극장을 대극장처럼 느끼게 만드는 가
창력을 시원시원하게 발휘했다. 임찬민의 가창력은 앤3이 내면의 굴

레에서 모두 벗어날 수 있는 희망의 뉘앙스를 전달했다. 본격적으로 앤3의 역할을 하기 전 앙상블로 연기할 때와 합창을 할 때는 자기의 목소리가 튀지 않았는데, 절제와 질주가 모두 가능한 배우로 주목된다. 뛰어난 가창력을 가진 배우가 앙상블 역할을 할 때 절제하는 것을 보면서, 현재 앙상블로 참여하면서도 무대에서 자기 기량을 다 발휘하고 싶은 배우의 마음은 어떨까 생각해보게 된다.

임찬민은 슬픈 눈빛의 표현 같은 표정연기에도 뛰어난 면을 보여줬다. 슬프지만 슬프지 않아야 하고, 밝게 보이지만 모든 게 밝으면 안 되는 캐릭터를 표현하기 위해서는 얼굴의 각 부위 표현을 다르게 하는 표정의 아이솔레이션(Isolation)을 할 수 있어야 하는데 임찬민은 그런 모습을 무대에서 보여줬다. 눈을 제외하고 보면 무표정하거나 밝은데 눈만 쳐다보면 슬퍼 한다는 것을 볼 수 있었다. 아이솔레이션은 무용을 할 때 손, 팔, 다리, 발, 어깨, 몸통 등을 각각 따로 움직이는 것을 뜻하며 각각 분리해 표현할 경우 고급스러운 안무로 인정받는데, 배우가 표정연기를 할 때 표정의 아이솔레이션을 할 경우 복합적 감정을 효과적으로 전달할 수 있다. 같은 장면을 보고도 어떤 관객은 슬펐다고 하고, 어떤 관객은 마음이 따뜻했다고 말하는 것은 그 장면에서 배우 표정의 아이솔레이션이 효과적이었기 때문일 수 있다.

임찬민은 엔딩곡까지 모두 부른 후 뿌듯한 미소를 보였는데, 그게 개인으로서의 본표정이라고 생각됐다. 그렇다면 공연 내내 표정 연기

난 왜 저항하지 못했나

를 할 때도 절제의 미를 살렸다는 것인데, 개성 있고 변화무쌍한 원톱 주연의 연기를 펼칠 경우 어떤 표정연기가 가능할지 기대가 된다.

○ 부모님과 빨강색 머리카락 빼고는 모두 상상할 수 있다고 말하는 앤

〈앤ANNE〉에서 앤은 상상력이 무척 뛰어난 아이이다. 부모님과 빨강색 머리카락 빼고는 모두 상상할 수 있다고 말한다. 공연을 보면 앤에게는 크게 두 가지 콤플렉스가 있는데, 여자로 태어난 것과 빨강 머리로 태어난 것이다. 상상이 잘 안 되는 항목과 콤플렉스 모두 부모 및 어린 시절과 연결돼 있다.

앤의 상상은 현실에 대한 회피라고 볼 수도 있지만 자기상담을 통한 자기위안이라고 볼 수도 있다. 상담이 다른 사람의 이야기를 들어주는 것이라고 정의한다면, 상상은 자기 내부의 이야기를 스스로 들어주는 자기상담의 일종이라고 볼 수 있기 때문이다. 어디에서든 인정받지 못하는 나의 존재 자체가 내 상상력 속에서는 인정받는 것이다. 앤은 쉽게 견디기 힘든 자기의 현실에 직면함과 동시에 거기에 경직돼 동결 반응을 보이며 멈춰 있기보다는 앞으로 나아가고 있다는 점이 눈에 띤다. 앤의 상상력은 태어난 기질의 발휘일 수도 있고, 생존을 위한 노력이라고 볼 수도 있는 이유이기도 하다.

만약 아이를 키우는 부모가 〈앤ANNE〉에서 앤의 상상력에만 초점을 맞춘다면, 본인의 자식도 앤처럼 상상력이 풍부한 창의적인 아이면서도 긍정적이길 바랄 수 있다. 이런 시야는 앤의 상상력이 타고난 기질이라고 생각하기 때문인데, 어쩌면 생존을 위해 앤의 상상력은 커졌을 수도 있다. 앤은 자기가 가끔 다른 사람이라고 상상한다. 상상 속에서 복제품, 아바타, 분신을 만들어 내 자기와 똑같은 행동을 하게 만들고 대화하기도 하고, 자기가 스스로 다른 사람이 되는 상상을 하기도 한다. 이것만 보면 앤은 현재의 자기가 아닌 다른 사람으로 살겠다는 의지를 강하게 가지고 있다고 볼 수도 있는데, 자기의 이름이 'ANN'이 아니라 'ANNE'이라는 것을 항상 확인해주는 것을 보면 자아의 정체성이 강한 것이다. 앤의 상상은 회피가 아닌 직면을 위한 수단의 선택이라고 생각되는 이유이기도 하다.

○ **앤이 만든 또 다른 자아! 자아분열이라기보다는 부분을 자기복제한 것 같은 느낌!**

〈앤ANNE〉에서 앤은 책장 유리문 안에 자기와 꼭 닮은 여자애가 있다고 말하면서, 비올레타 등의 이름을 지어준다. 새로운 이름을 붙이며 의미를 부여하는데, 같은 대상을 마음속에 그대로 계속 데리고 다니지 않고 다른 집에 입양될 때마다 새로운 캐릭터를 만든다. 그전에 있던 마음속 다른 아이를 데리고 가지 않은 점도 의미 있게 해석할 필요가 있다. 입양됐던 집을 떠나면서 그때 가졌던 아픔과 사랑, 아쉬움을 모두 놓고 오겠다는, 자기도 인지하지 못하는 내면의 선택

　　　　　　　　　　　　　　난 왜 저항하지 못했나

이라고 볼 수 있다. 새로운 집에 적응하려면 그전의 모든 관계를 가져오지 않아야 한다는 것을 앤은 감각적으로, 그리고 경험적으로 알고 있는 것이다. 어린 앤이 이런 성숙된 인간관계를 깨우칠 수밖에 없던 것을 공감하면 관객들은 눈물이 나지 않을 수 없다.

〈앤ANNE〉에서 앤은 내가 눈물을 흘리자 그 아이도 눈물을 흘리고, 내가 소리 내 울자 그 아이도 소리 내 운다고 표현했다. 나와 똑같은 여자아이와 친구가 되고 싶다는 앤은 언제든 버려질 수 있다는 두려움을 가지고 있는 것이다. 소속감, 안전감 결핍은 앤뿐만 아니라 거의 모든 현대인에게 해당되는 사항이다. "왜 나한테만 이런 일이 생길까? 다 빨강머리 때문이다."라고 앤은 말한다. 자기를 혼자 있게 만든 생물학적 부모와 그간 자기를 버렸던 입양됐던 집의 예전 부모를 모두 훼손할 수 없었고, 그렇다고 자기를 훼손하고 싶지도 않았던 앤은 모든 잘못을 빨강머리에 돌린 것이다. 그 모든 것을 훼손했을 때 자기에게 남는 게 없다는 두려움은, 부모가 물려준 일부와 자신의 일부인 빨강머리의 의미와 가치를 훼손시키는 것으로 대체 승화된 것이다. 앤이 정말 잘 버티고 싶어서 내린 최선의 선택일 것이다.

또 다른 자아를 만들어내는 것은 일반적으로 자아분열일 가능성이 높다. 그러나 앤은 회피보다는 직면을 선택한다는 점을 고려하면, 견디기 힘든 자기의 일부분을 자기복제해 스스로 바라보면서 위로하고 치유한다고 볼 수 있다. 앤은 그냥 막연히 긍정적인 게 아니라 감각적으로 자기의 내면을 바라보고 치유할 수 있는 자기상담능력을 갖고 있는 것이다. 주변에서 앤을 사랑으로 포용한 사람들이 있긴 하지만, 스스로 생존의 치유법을 찾기 위해 얼마나 많은 내적 아픔을 겪었을까 생각하면 마음이 저리다.

○ 다이애나와 다시 만나지 못하게 될 수도 있다는 두려움

앤은 또래의 친구로 만난 다이애나와 다시는 만나지 못하게 될 수도 있다는 두려움에 싸인다. 이제 다시 혼자가 되는 것인데 친구를 더 이상 만나지 못하게 됐을 때의 두려움은, 자기의 모습을 반영해 준 자기대상(self object)을 잃게 되는 두려움이기도 하다. 앤은 그 애의 칭찬을 받고 싶다고 말하는 것에서 다이애나가 앤의 자기대상이라는 것을 확인할 수 있다. 자기대상은 자기의 모습을 비춰 확인하게 만드는 대상을 뜻한다. 앤은 스스로 칭찬을 받을 때보다 다이애나의 칭찬을 받을 때 비로소 자기의 가치를 제대로 확인하고 안전감을 얻는 것이다.

앤을 입양한 매슈와 마릴라가 앤을 칭찬하며 사랑하기는 하지만, 앤에게 그것이 결정적인 포인트는 아닌 것이다. 자기 스스로 만족할 수 있는 자기의 모습은 다이애나를 통해서 확인받는 것이다. 앤의 내면을 바라보면 앤 안에 수많은 우리의 일부가 들어있다는 것을 확인할 수 있다. 부모를 여의거나 부모에게 버림받아 몸 붙일 곳이 없는 아이가 되는 것은 자기의 선택이 아니다. 어떤 누구도 고아로 자라날 수 있었다는 것을 생각하면서, 나는 앤처럼 긍정적일 수 있을까 나의 내면을 바라보게 된다.

견디기 힘든 극도의 공포에서 선택된 동결과 회피! 직면했다면 어땠을까? 눈앞의 위험을 직면할 수 있는 방법은 무엇일까?

°오디컴퍼니가 만든 뮤지컬 〈타이타닉〉 한국 초연이 2017년 11월 8일부터 2018년 2월 11일까지 샤롯데씨어터에서 있었다. 1912년 첫 항해에서 침몰한 초호화 여객선 타이타닉의 실화를 바탕으로 했는데, 다른 나라의 지나간 이야기가 아닌 우리의 이야기라는 생각이 들기도 해 가슴을 후벼 파는 슬픔을 전달하는 작품이다. 라이브 연주로 진행된 〈타이타닉〉의 뮤지컬 넘버는 오페라의 아리아를 떠올리게 했고, 클래식 분위기의 경건함 속 불안감은 극도의 위험 앞에서 직면하지 못하고 동결이나 회피를 선택하는 사람들을 잘 표현하고 있다.

이 공연에 감정이입해 몰입된 연기를 펼치는 배우들은 트라우마 또한 등장인물처럼 겪을 수 있다. 지속적으로 반복해 무대에 오르기 때문에, 같은 트라우마를 계속 반복해 겪게 되는 것인데, 〈타이타닉〉의 등장인물과 배우 모두를 위로해주는 큰 박수를 보낼 필요가 있다.

난 왜 저항하지 못했나

<타이타닉>은 영화로 먼저 흥행을 한 후 우리나라에서 뮤지컬로 공연됐다. 그 사이에 세월호 참사가 있었기 때문에, 시각적으로 더 강렬하게 표현됐던 영화보다 뮤지컬을 보면서 가슴이 찢어지는 것처럼 아팠다고 느낀 관객도 많다. 뮤지컬 속 등장인물들은 타이타닉호가 침몰하는 극한의 공포에서 내부분 동결이나 회피를 선택했는데, 직면했다면 어땠을까 생각해본다. 눈앞의 위험을 직면할 수 있는 방법을 위험의 순간에 찾기는 쉽지 않다. 반복적인 훈련과 연습으로 공포를 직면하는 훈련을 평소에 할 필요가 있는 것이다.

영화 <타이타닉>에서 잭 도슨(레오나르도 디카프리오 분)은 다른 사람들이 동결과 회피의 반응을 보일 때 적극적으로 주변 사람들을 자각하게 만들어 움직이게 했고, 로즈 드윗 부카터(케이트 윈슬렛 분)를 위험으로부터 보호하기 위해 정말 최선을 다해 관객의 마음을 짠하게 만들었다. 그런 상황에서 잭 또한 동결 반응이나 회피 반응을 보였을 수도 있는데 그렇지 않았던 이유는 무엇일까? 잭은 특수요원 출신이 아니기 때문에 체계적으로 공포에 직면하는 훈련을 했던 사람은 아니다.

잭은 자유로운 영혼을 가진 화가였고, 평생을 노력해 일군 성과로 호화유람선 타이타닉호에 탑승하는 꿈을 이룬 게 아니라 배가 출발하기 바로 직전 우연한 기회에 도박으로 얻은 3등석 티켓으로 올라탔던 것이다. 잭은 자유로운 영혼을 가지고 있기 때문에 일상적이지 않은 상황을 대하는 태도가 일반적인 사람들과는 달랐을 것이고, 타이타닉호에 올라탄 안정적인 승객이 아닌 갑자기 올라탄 승객이고, 편안 하고 안전감이 제공되는 1등석이 아닌 3등석 손님이었기 때문에 누군가 자신을 보호해 줄 것이라고 추호도 생각하지 않았을 것이다. 잭은 로즈에게 첫 눈에 반했고, 진실한 사랑을 꿈꾸던 로즈 또한 생애 처음 황홀한 감정에 휩싸였으나, 그 와중에 로즈의 약혼자가 잭을 질투해 모함을 한 뒤 가두었다. 타이타닉호에 타기 직전부터 타고 나서도 계속 잭의 몸과 마음은 꾸준히 움직일 수밖에 없었고, 배가 침몰하기 전에도 잭의 마음과 생각, 몸은 스펙터클하게 감당해야 할 것들이 많았던 것이다.

물론 잭에게도 배의 침몰은 예상하지 못했던 충격이었겠지만, 그 전에도 연속되는 크고 작은 충격에 적극적으로 대응하는 훈련을 본의 아니게 했기 때문에 배가 침몰하는 상황에서 무의식의 동결과 회피가 아닌 의식의 직면과 돌파를 선택할 수 있었던 것이다. 즉, 잭은 공포를 이기는 훈련을 이전에 미리 한 것은 아니었지만, 배에 승선하기 직전부터 배가 침몰을 하기 전까지 계속적으로 위험에 처하며 그 위험을 돌파해가는 과정을 통해 실전 훈련을 했던 것이다. 동결 반응의 원인과 동결 반응을 극복할 수 있는 방법이라는 측면에서 바라보면, 잭의 행동과 마음의 선택은 개연성이 있다는 것을 알 수 있다.

로즈의 입장에서 볼 때, 만약 로즈가 잭을 만난 시점이 배가 침몰하기 직전이었다면 잭이 옆에서 자극을 주면서 이끌었어도 동결이나 회피의 반응을 보였을 수 있다. 로즈는 막강한 재력의 약혼자와 함께 1등실에 승선했기 때문에, 타이타닉호 안에서 모든 것을 다 가진 행복감과 편안함에 안전감을 느끼고 있다가 갑자기 충격적인 상황을 맞이했다면, 다른 1등실의 승객들처럼 동결 반응이나 회피 반응을 보였을 가능성이 있다.

잭과 운명적인 사랑에 빠진다는 것 자체가 로즈에게는 안전감에서 멀리 벗어나는 것이다. 게다가 모함을 당해 잭이 갇히는 것을 보면서 이미 마음속에는 충격과 격동이 시작됐던 것이다. 사랑의 힘, 믿음의 힘도 당연히 중요한 역할을 했고 위기의 순간에 빠르게 선택할 수 있게 만드는 역할을 했을 것이다. 안정적이고 안정적인 삶을 살았던 로즈가 막강한 재력의 약혼자를 버린다는 것만으로도 삶이 위험해지는 공포를 겪게 되는 것이고, 잭과의 사랑은 극복해야 할 많은 난관을 같이 받아들이는 것이기 때문에 시간상으로는 잭보다는 늦지만 로즈 또한 배가 침몰하기 전부터 다른 의미의 공포에 직면하고 있었기 때문에 배의 침몰이라는 도저히 스스로 무언가 할 수 없는 상황에서도 잭과 함께 적극적으로 움직일 수 있었던 것이다. 로즈와 잭 모두 몸이 움직일 수 있도록 마음과 생각이 굳어있지 않고 움직이고 있었다는 점에 주목할 필요가 있다. 그런 측면에서 보면, 결핍과 제약은 나를 움직이고 단련시키는 기회가 될 수도 있는 것이다. 결핍과 제약은 분명히 나를 긍정적이지 못하게 만드는 요소인데, 생각을 바꾸면 나에게 나를 단련시킬 실전 기회가 생긴 것이라고 받아들일 수 있다.

○ 오페라 같은 뮤지컬, 현실감 강하게 불안감을 자아내는 무대 장치

뮤지컬 〈타이타닉〉은 라이브로 연주된다. 무대 2층의 오픈된 장소에서의 연주는 마치 타이타닉호에서 연주하는 느낌을 준다. 이 작품에서 뮤지컬의 노래인 뮤지컬 넘버는 오페라의 노래인 아리아 같은 느낌을 주는데, 극작가 피터 스톤과 작곡가 모리 예스톤은 품격 높은 음악을 추구한 것으로 보인다. 불안감을 자아내는 무대 장치 또한 눈에 띈다. 객석까지 돌출된 독창적 무대 디자인의 핵심인 계단은 안전하게 느껴지지 않는데, 관객석의 위치에 따라 더욱 실감 나게 보일 수 있다. 특별한 무대 전환이 없이 진행되면서도 긴장감과 불안감을 유지할 수 있었던 것은 무대 장치와 와이어신이라고 볼 수 있다. 배의 속도를 높이기 위해 석탄을 넣는 장면에서 남자 배우의 팔뚝에 땀이 번들번들거리는 모습을 볼 수 있었는데, 표현에 있어서 사실감을 높이는 디테일 또한 주목됐다.

○ 견디기 힘든 극도의 공포에서 선택된 동결과 회피! 직면했다면 어땠을까? 눈앞의 위험을 직면할 수 있는 방법은 무엇일까?

1등 항해사 윌리엄 머독(왕시명 분)은 타이타닉호가 빙산에 부딪힌 후 스미스 선장(김용수 분)의 지시를 듣지 못하고 멈춰 서 있다. 넋이

나간 상태처럼 보이는데, 심리학적으로 보면 동결 반응을 보이고 있는 것이다. 머독은 위험을 제대로 인식한 것이지만, 자기가 감당할 수 없기 때문에 동결 반응을 보인 것이다. 2등 항해사 찰스 라이톨러(이상욱 분)도 정신을 차리고 있는데, 1등 항해사가 어떻게 저럴 수 있을까 비난할 수도 있지만, 경험해 본 석도 상상해 본 석도 없는 공포는 어떤 사람이라도 머독처럼 만들 수 있다.

반면에 배 안에 있던 많은 다른 사람은 회피를 선택했다. 문제를 덮고 싶어 하는 사람들의 마음이 잘 나타나 있는데, 선장은 빙산이 있다는 전보를 여러 차례 받았음에도 믿지 않았고, 배가 빙산에 부딪힌 후에도 별일이 없을 것이라고 믿는 사람들이 많았다는 점에 의문을 가질 수도 있다. 무책임한 것으로 보일 수도 있고 근거 없이 긍정적인 것처럼 보일 수도 있지만 실제로는 회피하고 있는 것이다. 위험과 문제에 직면한다면 해결책을 찾아야 하는데 회피한다는 것은, 심리학적으로는 이해할 수 있을지 모르지만 도덕적으로는 용납할 수 없다고 받아들이는 사람들이 많을 것이다.

타이타익호의 사람들이 동결도 회피도 아닌 중간 지점에서 직면했다면 이야기는 달라졌을 수도 있다. 그들은 왜 그러지 못 했을까? 위험 상황에서 직면하기 위해서는 훈련이 필요하다. 정신의 훈련 못지않게 몸의 훈련 또한 필요하다. 위급한 상황이 되면 정상적인 상태처럼 반응하는 것이 동결이나 회피를 누구나 겪을 수 있기 때문이다. 민방

위 훈련, 지진 대피 훈련을 시행할 경우 뻔하고 형식적인 것 안 해봐도 다 안다고 무시하는 사람들도 꽤 많은데, 뻔하고 형식적인 것도 직접 해 본 사람과 최근에 한 번도 해본 적이 없는 사람은 엄청난 차이를 만든다는 것을 반드시 기억해야 한다.

〈타이타닉〉은 인간의 오만함을 그대로 볼 수 있는 작품이다. 대자연 앞에서 오만함, 경험하지 못한 시도에 대한 오만함, 기술력에 대한 오만함, 수차례 위험 경고에 대한 오만함이 복합적으로 작용했다는 것을 알 수 있다. 이 많은 오만함 중 어떤 한 오만함이 겸손함으로 바뀌었다면 역사는 달라졌을 수도 있다.

○ 배우들이 받을 심리적 상처와 트라우마

〈타이타닉〉을 보면 모든 배우들은 몰입하여 연기한다는 것을 알 수 있다. 해상 사고를 단지 뮤지컬 속 이야기라고만 느낄 수 없는 시대에 살고 있는 우리들은 몰입해 감정이입하면 관객으로서 무대를 바라보는 것 또한 무척 힘들다. 특히 마지막의 와이어신에서는 가슴이 찢어지는 것처럼 생생하게 아프고 힘들다. 한 번 혹은 여러 번 반복 관람하는 관객들에게도 트라우마가 생길 수 있는데, 매번 공연을 하는 배우들은 매번 트라우마를 반복 경험하게 되는 것일 수도 있다. 연습 기간까지 치면 더 긴 시간이다.

이들은 어떻게 뮤지컬 〈타이타닉〉에서 빠져나올 수 있을까? 뮤지컬 〈타이타닉〉의 트라우마에서 빠져나올 수 있을까? 스스로 자신이 무대에서 하고 있는 일에 의미를 부여해 극복하는 것도 하나의 좋은 방법이 될 수 있다. 이론적으로는 가능하지만 스스로 이렇게 할 수 있는 사람은 많지 않을 수 있다. 그렇다면 다른 사람의 도움이 필요한 것이다. 재난 현장에서의 사람들처럼 이 작품의 배우들에게도 심리 상담이 필요할 수 있다. 무대장치 스태프를 비롯한 제작진들도 마찬가지일 것이다. 커튼콜 때 관객의 열화와 같은 박수와 환호는 그들의 마음을 어느 정도는 어루만질 수도 있다.

트라우마는 사건성 트라우마와 인간관계 트라우마가 있다. 특정 상황에서 일회성으로 생긴 사건성 트라우마는 초기에 잘 대응하면, 반복적인 사람들의 관계성 속에서 생기는 인간관계 트라우마보다 상대적으로 잘 극복할 수 있다. 그런데 〈타이타닉〉처럼 트라우마가 생기는 장면을 계속 연기한다는 것은, 같은 트라우마를 계속 반복하게 되는 것일 수 있기 때문에 인간관계 트라우마보다 더 큰 지속성의 위험이 생길 수도 있다.

〈타이타닉〉의 가장 큰 특징은 한 배우가 최대 다섯 개의 배역을 연기하는 '멀티-롤(multi-role)'뮤지컬이란 점인데, 특정 한두 명에게 역할이 집중된 것이 아니라 모두가 주인공이라는 점은 트라우마 또한 특정 배역과 배우에 집중되지 않는다는 장점으로 작용할 수 있다. 〈

타이타닉>에서 가장 인상 깊은 뮤지컬 넘버를 선택하라면, 남편을 혼자 둘 수 없어 구명보트에 타는 것을 거부한 아이다 스트라우스(임선애 분)에게 남편 이시도르 스트라우스(김봉환 분)가 부른 고백의 노래를 선택할 수 있다. 그 순간에 우리는 그들처럼 할 수 있을까?

아버지가 사람을 죽이는 것을 목격하고 그 자리에서 오줌을 지린 기서, 동결 반응의 대표적인 예

　　　　　　　　　　°조남국 연출, 최진원 극본, JTBC 금토드라마 〈언터처블〉은 가상의 도시 북천시를 3대에 걸쳐 지배하고 있는 장씨 일가를 둘러싼 권력 암투와 숨겨진 비밀을 담고 있는 이야기이다. 드라마는 영화나 뮤지컬에 비해 긴 호흡으로 진행되기 때문에 동결 반응이 나타날 경우 한 번 나오는 것에 그치지 않고 여러 회차에서 찾아볼 수 있는데, 악인이 어릴 적에 동결 반응을 보였다는 점은 악인의 캐릭터가 단순하지 않고 복합적일 수 있다는 것을 암시한다.

　　장기서(김성균 분)는 어릴 적에 아버지 장범호(박근형 분)가 사람을 죽이는 것을 목격하고 그 자리에서 오줌을 지린다. 충격에 의해 몸이 경직되는 동결 반응을 보인 것이다. 어린 시절부터 아버지의 행동에 명확한 반기를 든 장준서(진구 분)에 비해 존재감이 없었던 것인데, 커서도 아버지에게 인정을 받지 못한다. 아버지의 악행을 보고 겁먹은 채 동결돼 움직이지도 못했던 기서는 기질적으로 소심하다고 볼 수 있다. 성인이 된 기서는 악한 면을 드러내는데, 좀 짠한 느낌의 악인이라고 느껴지는 이유가 타고난 기질부터 악인은 아니기 때문인 것이다.

드라마는 첫 방부터 파국을 향해 질주했는데, 파국의 직접적인 원인과 파국을 격발시킨 트리거의 원인은 기서의 낮은 자존감 때문이라고 볼 수 있다. 기서 역의 김성균은 다른 드라마나 영화에서 악역을 맡을 때 무서운 존재감을 발휘했기 때문에 〈언터처블〉에서 악역으로 나오면서도 낮은 자존감을 지닌 악역이라는 점이 이미지상 잘 매치가 되지 않을 수도 있지만, 어릴 적 동결 반응은 행동과 내면에 개연성을 부여한다.

기서는 여자의 몸에 위력으로 문신을 새기는 악행을 저지른다. 사이코패스가 저지르는 전형적인 행동 중의 하나라고 볼 수 있다. 사이코패스가 가진 여러 가지 특징 중에서 대표적으로 중요한 것은 죄책감과 공감 능력이 없다는 것인데, 스스로 괴로워하기도 하고 다른 사람을 이해하려고 노력하는 면도 있다는 점을 고려하면 사이코패스의 면모를 가지고 있기는 하지만 전형적인 사이코패스는 아니라고 볼 수도 있다. 기서가 여자의 몸에 위력으로 문신을 새긴 것 또한 인정받지 못하는 자신을 억지로 인정받은 것처럼 만들려는 잘못된 징표라고 볼 수 있다. 아버지를 비롯한 주변 사람들에게 인정받지 못한 기서는 어릴 때 동결 및 회피를 선택했고, 성인이 된 이후에는 외부에서 인정받지 못하는 자존감을 스스로 인정하기 위해 막무가내식 행동을 하게 된 것이다. 여자의 몸에 죽음을 뜻하는 문신을 새기는 것은 사이코패스적인 행동으로 볼 수도 있지만, 인정받지 못하는 자신의 자존감을 스스로 만들기 위한 발악이라고 볼 수도 있다.

만약 기서의 어릴 적 동결 반응이 드라마 초반에 명확하게 드러나지 않았다면, 연민 악역으로 표현된 기서의 캐릭터가 공감을 얻기 어려웠을 수도 있다. 형인 기서가 동결 반응을 보일 때 동생인 준서는 저항하고 반항하는 의식을 표출했는데, 성인이 아니라 한 살의 차이가 큰 어린아이임에도 불구하고 동생이 동결 반응을 일으키지 않았다는 점에서 도출될 수 있는 사항들이 있다. 기질적으로 볼 때 동생인 준서는 강인하고 형인 기서는 유약하다고 볼 수 있는데, 만약 형이 존재감을 인정받아 자존감 있는 인물로 컸으면 '연민 악역'이라는 수식어를 가진 악역이 되지 않고, 착하고 부드러운 사람이 됐을 수 있다. 동결과 회피 반응을 보였다는 것은 내면이 도망갈 곳이 없었다는 것을 뜻하는데, 누군가 그를 제대로 보호해 안전감을 줬으면 전혀 다른 인물로 성장했을 것이다.

어릴 적 모습으로만 보면 오히려 준서가 사이코패스가 될 수 있는 성향을 가지고 있는 것으로 보인다. 드라마 속에서 아버지인 범호도 자신을 이을 사람은 준서라고 이야기하는데, 준서가 아버지에게 반기를 드는 상황에서도 이런 말을 하는 것은 기질이 같은 사람끼리 알아보는 면이 있기 때문일 것이다. 그런데 준서가 사이코패스로 크지 않은 것은 주변의 보호와 사랑의 영향이라기보다는 스스로의 이성으로 자신의 본성과 기질을 제어했기 때문이라고 생각된다. 기서와 준서의 어릴 적 모습과 성인이 된 후의 모습을 비교하면, 어릴 적에 보호받지 못한 사람은 자존감을 표출하기 위해 오히려 악행을 저지르는 선택을 할 수도 있고, 기질적으로 위험성을 가지고 있더라도 이성으로 스스로를 제어해 악인이 되지 않을 수 있다는 것을 알 수 있다. 선의 편에 선 준서가 악에 대항할 때 더 강인해질 수 있었던 것은, 대범하고 강인한 기질을 긍정적으로 활용했기 때문이다.

○ **예상할 수 있는 드라마의 기존 문법을 따르지 않는 전개, 첫 방에 깔려 있을 많은 암시와 복선**

〈언터처블〉 제1회는 박진감 넘치는 액션으로 시작했다. 뭔가 있을 것 같은 호기심을 첫 방송 시작부터 자극했다. 영화 같은 편집은 보는 즐거움과 궁금증, 몰입을 선사했는데, 나중에 다시 확인하면 "아하 ~"할만한 암시와 복선이 쏟아지고 있는 듯했다. 바로 이해가 안 되는 장면이 많았다고 생각되는데, 암시, 복선이 다 활용될지 깔아 놓고 쓰이지 않는 것도 많을지는 두고 봐야 한다. 최근 드라마는 암시, 복선을 다 활용하지 않는 경우도 많은데 스토리텔링의 변화에 따라 달라지기 때문이기도 하고, 예상치 못한 반전을 주기 위해 역암시, 역복선을 설치하는 경우도 늘어났기 때문이다.

〈언터처블〉은 뻔하고 지루하다는 반응과 너무 복잡하다는 상반된 반응을 동시에 불러일으켰다. 제1회는 빠르게 진행된 부분과 느리게 진행된 부분이 혼재돼 있다. 속도는 엄청 빠르지 않은데 무척 촘촘하게 만들어 놓고 그 촘촘함을 생략해 부분부분만 보여줬기 때문이기도 하다. 반면에 스토리가 급전개라고 보는 시청자들도 많다. 이런 상반된 반응이 나오는 것은 제작진이 치밀하지 않았거나 아니면 반대로 의도적으로 무척 치밀했기 때문에 가능한 것이다. 결혼식에서 무릎 꿇기는 스토리텔링의 변화와 새로운 시작의 소스를 제공하기 위해 일반적으로 제8회 정도는 가야 나올만한 이야기이다. 첫 방은 윤정혜(경수진 분)가 주인공인 영화처럼 보이는데, 이런 강렬한 반전은 마지막회(제16회) 방송의 느낌을 주기도 했다.

　　장범호의 사망은 과히 충격적이라고 볼 수 있다. 스토리텔링에서 갈등의 정점에 서 있는 인물로 보통 제12회 내지는 제14회까지는 시청자들이 욕하면서도 주목해 봐야 할 것 같은데, 장범호 캐릭터를 강력하게 구축하고 바로 드라마에서 제거하는 문법은 회차 시나리오 파괴라는 신선함을 줬다. 재료를 제대로 사용하지 못한 이야기가 될지, 아니면 정말 제대로 잘 사용한 이야기가 될지는 계속 지켜봐야 알 수 있을 것이다.

○ **악역에 잘 어울리는 김성균, 보는 것 자체로 섬뜩한 김성균, 실제로 내면에는 낮은 자존감 때문에 괴로워한다?**

어떤 성취나 성취에 있어서 의미 있는 타자의 평가, 성취에 대해 나의 느낌이나 경험이 쌓여서 자존감이 형성된다고 일반적으로 생각할 수 있다. 그런데, 이런 관점은 자존감을 성취에만 한정해본다는 맹점을 가지고 있다. 실패했을 때조차도 그 경험, 감정이 존중받을 때, 모든 행동을 존중받는다는 경험은 자존감으로 이어진다. 그때 네가 느끼는 감정조차도 당연하다고 존중한다면, 존재 자체에 대한 인정, 존중으로 인해 자존감이 생길 수 있는 것이다. 성취라는 측면에서만 볼 때 자존감은 내적으로 생기는 것이지만, 넓은 관점에서 볼 때 자존감은 의미 있는 외부의 인정으로부터 온다. 성취했을 경우 당연히 외부의 인정도 받을 것이기 때문에 상충되지 않는다.

기서는 어릴 적에 아버지가 사람을 죽이는 것을 목격하고 그 자리에서 오줌을 지린다. 충격에 의해 몸이 경직되는 동결 반응을 보인 것이다. 어린 시절부터 아버지의 행동에 명확한 반기를 든 준서에 비해 존재감이 없었던 것인데, 성인이 돼서도 아버지에게 인정을 받지 못한다.

여자의 몸에 위력으로 문신을 새기는 것 또한 인정받지 못하는 자신을 억지로 인정받은 것처럼 만들려는 잘못된 징표라고 볼 수 있다. 아버지를 비롯한 주변 사람들에게 인정받지 못한 기서는 어릴 때 동결 및 회피를 선택했고, 성인이 된 이후에는 외부에서 인정받지 못하는 자존감을 스스로 인정하기 위해 막무가내식 행동을 하게 된 것이다. 여자의 몸에 죽음을 뜻하는 문신을 새기는 것은 사이코패스적인 행동으로 볼 수도 있지만, 인정받지 못하는 자신의 자존감을 스스로 만들기 위한 발악이라고 볼 수도 있다.

○ 박근형이 분열한 대상이 김성균과 진구일 수 있다?

〈언터처블〉에서 장범호는 강건함과 비열함을 동시에 가진 인물이다. 두 아들 중 준서는 권위 있는 아버지에게도 저항할 수 있는 강건함을 물려받았고, 기서는 힘을 비열하게 사용하는 잔인함을 물려받았다. 장범호가 기서와 준서로 분열됐다고 말하는 것에 대해 과도한 끼워 맞추기라고 볼 수도 있다. 그렇지만, 아들은 아버지의 기질을 타고 태어나고, 또한 아버지의 영향력 하에서 자라난다는 것을 고려하면, 〈언터처블〉에서의 특수성을 일반화시켜 해석할 수 있다. 이런 측면에서 볼 때 준서와 기서의 갈등은 단지 선악의 갈등이 아닌 필연적인 충돌일 수 있고, 장범호의 죽음은 이런 구도를 명확하게 만들기 위한 단순화 전략 때문일 수도 있다.

범죄 드라마에서의 피해자의 동결 반응 무서워서 제대로 못 보겠다는 시청자의 반응

°김홍선 연출, 마진원 극본의 OCN 토일드라마 〈보이스〉는 범죄 현장의 골든타임을 사수하는 112 신고센터 대원들의 치열한 기록을 그린 드라마로 2017년 시즌1에 이어 2018년 시즌2가 계획되어 있다. 골든타임이라는 개념은 현재 우리 사회에서 중요한 화두 중의 하나이다. 범죄 드라마를 보는 시청자들은 대개 구하는 쪽보다 구함을 기다리는 편에 있을 가능성이 높기 때문에, 112 신고센터 골든타임팀장 무진혁(장혁 분)과 112 신고센터장 강권주(이하나)보다는 피해자에게 감정이입하는 경우 많다. 그렇기 때문에 시청자들은 골든타임에 대해 더 민감하게 반응하게 되는 것이다.

〈보이스〉는 범죄 드라마 중에서도 피해자에 대한 디테일한 묘사로 화제가 됐다. 매회 방송될 때마다 무서워도 못 보겠다는 시청자의 반응이 나왔고, 폭력적인 장면에 대한 우려로 15세 관람가였던 〈보이스〉의 제11회 방송은 19금 방송이 되기도 했다. 시청자들이 더욱 무섭게 받아들인 이유는, 드라마 속 피해자들의 동결 반응이 적나라하게 표현됐기 때문이다. 잔혹한 가해자 앞에서 어린아이, 노약자, 부녀자 등 힘 없는 사람들은 저항하지도 못하고 무서워서 바들바들 떨었는데, 동결된 시간만큼 동결된 시간을 보여주는 만큼 시청자들에게 공포가 전해졌기 때문이다.

잔인한 장면이 아니더라도, '은형동 형사 부인 살인 사건'의 진범이라고 스스로 주장하는 인물인 남상태(김뢰하 분)가 등장만 해도 무서워서 놀라게 된다는 시청자의 반응도 많았다. 남상태의 등장에 멈칫하면서 잠시 움직이지 않는 것 또한 드라마에 몰입한 시청자들이 나타내는 약한 동결 반응인 것이다.

만약 범죄의 순간, 영상이 빠르게 지나간다면 시청자들이 받는 공포의 트라우마는 줄어들 수 있다. 하지만, 정말 두려운 상황에서 피해자들이 보이는 동결 반응은 제대로 표현되지 못 할 것이다. 시청자 중에서 〈보이스〉의 범죄 장면에서의 동결 반응을 보는 것을 감당하기 힘든 경우, 참고 다 보려고 하지 말고 그 순간 눈을 감고 귀를 잠깐 막는 것도 괜찮다. 같은 상황에서 왜 다르게 느끼는지에 대해서는 영화 〈앨리스 공황상태〉의 예를 들면서 설명했는데, 내면에 무의식으로 눌러놓은 내 상처와 아픔, 슬픔이 나를 건드리기 때문이다. 영화나 드라마를 볼 때 너무 무섭다고 눈을 감고 귀를 막는 사람의 눈을 억지로 뜨게 하고 귀에서 손을 떼게 하는 행위는, 제2차 가해가 될 수 있다. 물론 제2차 가해가 된다는 것을 모르고 그런 행동을 하

겠지만, 얼마나 무서우면 눈을 감고 귀를 막았겠는지를 먼저 생각할
수 있어야 한다.

영화, 드라마뿐만 아니라 뉴스에서도 마찬가지이다. 시청자나 독자
의 정신적 안정, 심리적 안전보다는 조회수에 집착하는 경향 때문에
자극적인 영상과 사진, 기사를 의도적으로 노출하는 경우가 많은데,
이는 대부분의 사람들에게는 약한 폭력으로 작용하고 일부 사람들에
게는 치명적인 폭력으로 작용할 수 있다. 그런 기사를 안 보면 되지
않느냐고 말할 수 있겠지만, 포털의 메인에 SNS의 상단에 있을 경우
대부분 습관적으로 누르기 때문에 그런 기사에 취약한 사람은 누르
고 나서 후회하며 괴로워한다.

단톡방에서 뉴스를 링크하거나 사건의 상세한 내용을 글로 적기 전
에 그 안에 그 말로 상처받을 사람이 있는지 먼저 생각하는 배려도
필요하다. 나는 빠르게 정보전달을 한다는 이유로 시간과 노력을 들
여 기사와 사건을 전달하면 다른 사람들로부터 좋은 반응을 얻을 것
이라고 대부분 기대하고 그런 선택을 하는데, 누군가는 그런 기사와
글 때문에 정말 마음의 상처를 크게 받을 수도 있다. 그 기사 자체에
상처받을 수도 있고, 그 기사로 인해 무의식의 영역에 눌러놓았던 자
신도 모르는 상처가 건드려지면서 매우 아파할 수도 있는 것이다.

○ 녹화가 아닌 생중계 같은 생생함을 전달하는 드라마

난 왜 저항하지 못했나

〈보이스〉 제2회는 끔찍한 아동학대로 무서움과 혐오감을 전달했다. 무서워서 제대로 못 보겠다는 시청자도 많았을 것이다. 그러나 〈보이스〉에서의 일화들은 실제로도 발생하는 상황이라는 것을 염두에 둘 필요가 있다. 시청자가 무서워서 못 볼 정도이면, 실제 범죄 현장의 피해자는 얼마나 무서울 것인가? 살 수 있을지 없을지도 모르는 긴박한 상황에서, 누군가 나를 골든타임이 지나기 전에 와서 구해준다는 희망이 있다면?

〈보이스〉는 녹화가 아닌 생중계 같은 생생함을 전달하는 드라마이다. 방송이 된다는 것은 녹화가 이미 끝났다는 것인데, 시청자들은 현재 발생하는 사건을 따라가는 것 같이 몰입하게 된다는 점이 주목된다. 〈보이스〉는 매 회 촬영하기가 심리적으로 무척 힘든 드라마일 것이다. 장혁, 이하나는 물론이고, 가해자와 피해자 모두 정신적으로 육체적으로 힘든 촬영을 했을 것이고, 이것은 스태프들도 동일할 것으로 추정된다. 뛰어난 연기력을 보여준 피해자 역의 아역 배우는 어린 만큼 실제 상황처럼 힘들었을 것이다.

〈보이스〉의 생생함은 골든타임의 중요성을 더욱 강하게 깨닫게 한다. 순간적인 판단력을 발휘하고, 피해자를 안심시키는 멘트를 통해 정보를 얻어 위치를 파악하는 강권주의 모습에서, 프로페셔널한 근성과 함께 정말 하나하나에 애정과 노력으로 최선을 다한다는 것이 느껴진다. 우리 주변에 그런 인물이 실제로 있다면 마음이 한결 편안해질 것이다.

○ **다른 초콜릿을 고를 수 있는 기회, 두 가지 선택의 길**

〈보이스〉 제5회에서 무진혁과 강권주는 사실 황경일(이주승 분)도 불쌍한 사람이라며, 16년 전에 자신들을 만났으면 다른 초콜릿을 고를 수 있는 기회를 얻을 수도 있었을 것이라는 대화를 나눈다. 드라마는 범죄자들에 대해 두 가지 시야를 동시에 가지고 있다는 것을 명백하게 밝히고 있다. 경일의 엄마와 박은서(손은서 분), 박은별(한보배 분)의 아빠가 저지른 불륜으로 두 집안이 풍비박산 났지만, 씻을 수 없는 상처 속에서도 열심히 살아가려고 노력한 은서, 은별 자매와 망가짐에 대한 핑계와 명분으로 삼은 경일의 행동을 명확하게 구분한다.

여기까지만 보면, 기본적으로 범죄자가 되는 것은 다른 사람과 환경의 영향이 아닌 개인의 문제라는 것을 〈보이스〉는 전제로 하고 있다. 물론 맞는 말이지만, 가지지 못한 사람들, 피해를 입은 사람들에게는 더욱 가혹한 기준일 수 있다. 제5회 마지막에 경일에 대한 동정심과 안타까움이 드러났다. 누군가 옆에서 케어했으면 다른 초콜릿을 고르듯 다른 선택의 삶을 살 수도 있었다는 것을 강조하며, 단지 개인의 문제로만 여겨서는 안 되는 현실을 짚고 넘어갔다.

〈보이스〉의 이런 두 가지 시야는 극악한 범죄자가 아닌 다른 사람들에 대해서도 적용할 수 있다. 역경의 상황에서도 극복하거나 무척 좋은 환경에서도 어긋날 수 있는 것은 기본적으로 개인의 노력이자 선택인데, 주변 환경과 사람들에 의해 다른 선택을 할 수도 있고 같은 선택을 했더라도 정도의 차이가 현저하게 발생할 수 있기 때문이다. 집안에서 뒷받침을 든든하게 해주지 못해서 성적이 좋지 않은 경우, 부모는 자식의 탓을, 자식은 부모의 탓을 하는 경우도 많은데, 드라마가 보여준 두 가지가 공존하는 시야는 이런 사회 현상들에도 동일하게 적용할 수 있다는 점이 주목된다.

○ 인간의 존엄성에 대한 존중

〈보이스〉는 생명존중과 함께 인간의 존엄성에 대한 존중을 담고 있다는 점이 의미 있게 다가온다. 누구든 골든타임 내에 구조를 요청할 수 있고, 또한 구조 받아야만 한다는 생각과 행동은 이 드라마가 전달하는 메시지들 중에서도 무척 중요하다. 많은 드라마와 영화는 악을 응징한다는 이유로 상해와 살상을 당연하게 사용하고, 또 그로 인해 악이 아닌 선의 진영에 있는 사람들이 상해와 살상을 당하는 것도 당연하게 여기는 경향이 있다.

잔인한 장면이 여타 드라마보다 노골적으로 표현되는 〈보이스〉가 휴머니즘 드라마로 시청자들에게 어필하는 이유는, 드라마가 가진 정신세계에 기인한다고 볼 수 있다. 힘없고 억울한 사람의 이야기를 조금이라도 진지하게 들어준다면, 그의 생명을 살릴 수도 있고 그와 주변의 삶을 바꿀 수도 있다는 것을 제12회 방송은 다시 한 번 보여줬다.

○ 악마적 본성, 실제로 우리들에게도 있을 수 있다

모태구는 무진혁에게 자신과 마찬가지로 악마적 본성이 있다고 말한다. 모태구의 바람이었을까, 아니면 실제일까? 무진혁에게는 실제 악마적 본성이 있을 수도 있다. 어쩌면 우리들에게도 모두 악마적 본성이 있을 수 있다. 정도가 약할 수도 있고, 이성이나 사회적인 보호 아래 스스로 제어되고 있을 수도 있다. "괴물을 잡기 위해서 괴물이 되면 안 되잖아요."라고 강권주는 무진혁에게 말했는데, 〈보이스〉는 괴물적 본성이 있어야 괴물을 상대하고 잡을 수 있다는 정신세계를 은연중에 내포하고 있다는 점이 흥미롭다.

잘생기고 연기력 뛰어난 김재욱이 표현했기에 모태구가 섹시하다고 느끼는 시청자나, 모태구는 괴물이기에 용서하지 않고 때려죽여야 한다고 말하는 시청자 모두 악마적 본성을 가지고 있을 수 있다. 〈보이스〉가 마지막회에서 모태구가 악의 원천이 아닌 악마적 본성이 잘못 키워진 예라고 알려준 것은, 범죄의 피해자도 피해를 받을 만한 행동을 한 사람이 아닌 우리 주변의 평범한 사람들이었다는 것을 보여준 것과 맥을 같이 한다. 시청자에 따라 다르게 해석하고 다르게 받아들일 수 있겠지만, 이런 정신세계를 정확하게 표현하기 위해 작가와 연출을 포함한 제작진, 그리고 연기자들은 지속적인 노력을 했다는 것을 지난 장면들을 돌이켜 생각하면 알 수 있다.

성폭력,
특히 성폭행 피해자의 동결 반응

잘 모르고 하는 위로와 염려,
비난들은 제2차 가해이다

"왜 강하게 저항하고 소리 지르지 않았니?"

"적극적 저항을 안 한 건 너도 일정부분 원한 것 아니냐?"

"여자가 목숨 걸고 반항하면 남자는 하지 못한다"

"야한 옷을 입고 다닌 너의 잘못도 있지"

"정말 죽여 버리고 싶은 놈이야, 그렇지만 너도 이제 옷을 그렇게 입고

다니지는 마"

"그러기에 밤늦게 다니지 말라고 했잖아"

"너도 좋아한 거 아니었어?"

"성폭행 당한 사실을 하나의 권리로 이용하려 한다"

"지금 밝혀봐야 니 인생만 손해야. 연애도 해야 하고 결혼도 해야 하니

그냥 조용히 덮고 넘어가자"

"그냥 잊어버려, 별거 아닌 거야"

성폭력을 당한 피해자의 주변 사람들은 위와 같은 이야기를 종종
한다. 피해자처럼 혹은 피해자보다 더 강하게 분노하고 욕하면서 자

난 왜 저항하지 못했나

기 나름대로의 위로를 해주겠다고 시작한 말이지만, 피해자의 입장에서 보면 위로를 가장한 공격일 수 있고 염려를 빙자한 비난일 수도 있다. 위와 같은 말을 내가 했다고 가정하면, 피해자를 걱정하고 염려하고 안타깝게 생각해 한 위로의 말이라고 생각할 수도 있다. 그렇지만, 내가 피해자이고 저런 종류의 말을 위로라고 듣는다면 납납하고 짜증나고 말하는 사람에 대한 미움과 분노 또한 생길 수 있고, 저런 말을 듣고 있는 내가 너무나도 한심스럽고 창피할 수도 있다. 결국 저런 표현은 절대 위로가 아닌 것이다. 피해자 중에서도 정말 착하고 소심한 피해자는 다른 사람들이 나를 위로해주려고 했는데, 내가 그 위로를 받아들이지 못한다고 또 내가 잘못하고 있다고 느낄 수도 있는데, 제대로 되지 않은 위로를 위로라고 받아들이기 위해 또 다른 죄의식에 사로잡힐 이유는 전혀 없다. 그대의 잘못이 아닌 것이다.

이런 말들은 크게 두 가지 공통점을 가지고 있는데, 첫째, 성폭력이 발생한 원인을 가해자로부터 찾기보다는 피해자에서 찾는다는 점이다. 가해자가 없었으면 범죄가 성립하지 않는다는 시야가 아닌, 피해자가 있었기 때문에 가해자가 생겼고 성폭력이 발생했다는 논리이다. 문제는 이런 논리가 비합리적이고 비상식적임에도 불구하고, 많은 사람이 의례 그러려니 하고 받아들인다는 것이다. 사회적 분위기 때문에 피해자 또한 그렇게 여기게 되기도 한다.

산불을 막기 위한 대책으로 불에 탈 수 있는 나무를 모두 없애버려야 한다는 주장을 하는 사람이 있으면? 편의점에 도둑이 든 것은 편의점이 있었기 때문이니까 일단 그 자리에 있었던 편의점이 원인을 제공했고 제1차적으로 편의점 잘못이고, 앞으로 편의점 영업을 제한해야 한다는 대책을 내놓는다면? 사람들이 많이 모이는 장소에서 총기 테러와 같은 대형 사고가 발생하기 때문에 일정 인원 이상이 모이는 모임을 규제하는 법이 발휘된다면?

사람들은 범죄가 발생했을 때 범인인 가해자를 응징하는 데 집중하고 범죄의 원인 또한 가해자에게서 찾는다. 지금 한 이 표현 자체도 너무 당연한 것인데 뭐 대단한 것처럼 말하느냐고 하는 사람도 있을 것이다. 그런데, 유독 성폭력에 있어서는 가해자보다 피해자에게서 원인과 이유를 먼저 찾으려고 한다. 주변 사람, 네티즌, 경찰과 검찰, 언론 모두 마찬가지이다. 가해자가 왜 범죄를 저질렀는지를 밝혀내기 전에 피해자가 왜 피해를 입었는지에 초점을 맞추면서 마치 그것이 사건의 가장 큰 원인인 것처럼 몰아간다. 성폭력을 당했다는 것만으로도 피해자는 수치스러운데, 그런 원인을 피해자에서 찾는 잘못된 관행과 분위기 때문에 피해자는 수치심과 죄의식을 강하게 느끼고 그런 자신을 스스로 미워하게 된다. 수치심과 죄책감은 성폭력의 가해자가 느껴야 할 감정인데 피해자만 오롯이 느낀다는 것은 어이가 없다.

둘째, 사건과 행동 위주로만 바라보면서 내면심리에 대한 이해와 배려는 찾아보기 힘들다는 점이다. 피해자를 위로하기 위해서는 피해자의 심리를 위로해야 하는데, 행동을 위주로 위로하려다 보니 위로가 아닌 염려나 비난이 될 위험성이 있는 것이다. 피해자가 지금 얼마나 힘들고 고통스러울지를 염두에 두고 접근할 필요가 있다. 성폭력 특히 성폭행을 당했다는 것은 피해자의 몸과 마음이 현재 너 이상 안전함, 안정감을 가지고 있지 못하다는 것인데, 당신은 이제 보호받을 수 있고 다시 안전해질 수 있다는 믿음을 줘야 하는데, 이 또한 몸과 마음이 훼손된 피해자가 믿음을 받아들일 수 있을 때까지 기다려줄 수도 있어야 한다.

피해자는 현재가 안전하지 않을 뿐만 아니라 자신이 살아갈 앞으로의 세상도 다 망했다고 생각할 수 있다. 이성관계나 결혼에 대한 심리적 불안감이 커지게 되면서, 다른 대인관계나 사회생활 또한 위축되고 두려워질 수 있다. 나에게 이제 장밋빛 미래는 없다고 여겨 멸절의 고통에 빠져 있는 사람에게 마음이라는 측면에서 먼저 다가서야 한다. 특히 성폭행으로 순결을 잃은 피해자의 경우는 더더욱 그러하다.

피해자가 잘못을 제공했다고 말하는 현실을 바꾸기 위해서는 사회 전체적인 마인드의 변화와 컨센서스의 도출이 필요하다. 심리상담가가 아무리 적확한 상담을 통해 피해자를 치유했더라고, 주변과 사회가 큰 의도 없이도 그냥 계속 공격한다면 언제든 다시 멸절의 고통으로 돌아갈 수 있다. 제2차 피해에 대한 이야기가 많이 회자되고 있지만, 대부분의 사람은 악의적인 의도를 가지고 한 것만 제2차 피해라고 생각하는데, 모르고 한 공격 또한 피해자에게는 제2차 피해인 것이다. 잘못이라는 것을 모르고 한 공격이 때로는 더 깊게 상처를 줄 수 있는데, 의도를 숨기고 한 행동이 더 효과적이라는 점을 고려하면 본인도 의도를 잘 모르고 한 잘못이 더 강하게 작용할 수 있다는 점을 이해할 수 있을 것이다.

다른 상황의 경우에도, 위로하고 걱정한다고 말하면서 공격하는 사람들은 상당히 많다. 명절 때 결혼, 취직, 입학 등에 대한 일가친척들의 반응, 중환자실을 비롯해 생명이 위급한 환자의 병문안을 가서 위로한다고 하는 말, 다른 사람의 실패와 좌절을 위로한다고 하면서 하는 말이 듣는 사람에게는 모두 공격으로 느껴질 수 있다. 위로할 거면 그냥 제대로 위로하면 되지, 일부러 의도하지는 않았겠지만 위로하겠다는 마음이 있으면서도 상대방을 공격하는 이유는 무엇일까? 다른 사람의 불행을 보면서 위안을 얻어야 할 정도로 자존감이 없는 사람들이 많기 때문일 수도 있다.

성폭행에서 피해자가 동결 반응을 보이는 이유 : 동결 반응은 무의식의 영역

°성폭력, 특히 성폭행을 당한 피해자는 저항을 하는 경우도 있지만 많은 경우 제대로 저항하지 못한 경우가 많다. 소리 지르면서 완강하게 거부했으면 성폭행을 피할 수 있을 거라는 생각에 피해자에게 '왜 저항하지 않았느냐?'라고 묻는 사람이 있는데, '왜 저항하지 못했나?'라고 묻는 게 올바른 질문이다. 저항을 하지 못했을 경우에도 의식적인 경우와 무의식적인 경우로 나눌 수 있는데, 의식적인 경우는 정말 저항하다가 죽을 수도 있다는 두려움을 느껴 알면서도 저항하지 못했을 수도 있고, 무의식적인 경우는 감당할 수 없을 정도로 너무 공포스러워 무의식이 동결 반응을 일으켰기 때문일 수도 있다. 죽을 수도 있다는 공포를 무의식이 느껴 동결 반응을 일으켰을 수도 있다.

원시시대부터 내려오는 극도로 위험한 순간에 생기는 방어기작인 동결 반응이 현대에 있어서는 오히려 위험한 순간에 대처하지 못하게 만드는 역할을 하기도 하지만, 실제로 성폭행에 저항하다가 죽임을 당하는 경우도 뉴스를 통해 종종 접할 수 있는 점을 고려하면 동결 반응은 아직도 내면의 방어기작으로 작용하는 요소도 있다고 봐야 한다.

피해자가 극도의 공포로 동결 반응을 보일 경우 더 이상 저항하지 못하고 얼어버리게 된다. 성폭력의 가해자 중에는 피해자가 싫다는 표시를 하지도 않았고 당시에 거부하지도 않았으면서 나중에 다른 이야기를 한다고 억울하다고 말하는 경우도 있다. 거기에 대해 피해자는 자신의 의견을 제대로 이야기하지 못하는 경우가 많기 때문에, 가해자의 그런 말을 듣고 가해자의 말에 수긍하는 사람도 있는데, 가해자와 수긍하는 사람, 둘 다 동결 반응을 전혀 모르고 하는 말이다. 모르고 했다고 절대 면죄부가 주어지는 것은 아니다.

피해자가 동결 반응을 보이기 전, 저항하려 거나 어느 정도 저항했던 피해자는 죽을 수도 있고 자신이 다 없어질 수도 있다는 공포를 느꼈기 때문에 의식으로 도저히 그 상황을 감당할 수 없어서 무의식이 동결 반응을 일으킨 것이다. 동결 반응을 일으킨 후에는 몸과 마음이 동결이 됐기 때문에 저항하지 못한 것이고, 성폭력에 대해 피해자가 제대로 대답하지 못하는 이유 또한 동결 반응을 통해 무의식으로 눌러놓고 감당할 수 없기에 내면의 무의식은 회피를 선택하고 있기 때문이다. 가해자가 말하기에 피해자가 처음에는 좀 튕겼지만 나중에는 좋아서 받아들였다고 하는 것은, 실제로는 처음에는 의식의 영역에서 피해자가 저항을 하다가 가해자의 폭력이나 협박 등으로 인해 동결 반응이 일어나서 더 이상 저항하지도 못했던 것이다. 특히 가해자가 다른 물리적인 폭력을 행사했거나 행사하려고 했을 경우 피해자는 더 빨리 동결 반응에 들어갔을 것이다. 가해자가 성폭행을 거부

난 왜 저항하지 못했나

하려 했을 때 다른 물리적인 위협을 가했는지에 대해 피해자에게 물어보면 바로 확인될 수 있지 않느냐고 생각하는 사람도 있겠지만, 우리가 잊지 말아야 할 점은 피해자가 동결 반응을 일으켰다는 점이다. 피해자는 제대로 대답하지 못할 가능성이 많다. 제대로 대답한다는 것은 그때의 동결 반응에서 벗어나 직면한다는 뜻인데, 그렇게 빨리 벗어날 수 있고 직면할 수 있을 정도였으면 애초에 동결 반응을 보이지 않았을 것이기 때문이다.

'왜 저항하지 않았나?'에서 '왜 저항하지 못했나?'로 질문을 바꾸었다 치더라도 피해자를 탓하는 것으로부터 시작하는 분위기는 한 번에 바로 바뀌지는 않을 수 있다. 저항하지도 못 할 정도로 공포스러웠던 피해자를 먼저 안아주고 위로해야 하는데, 그건 절대 너의 잘못이 아니라고 말해줘야 하는데, 그렇게 말해야겠다고 하면서도 아직도 속으로는 그래도 피해자의 잘못 또한 있다고 생각하는 사람이 분명히 있을 것이다.

미투 운동은 결국 사회를 긍정적으로 바꾸는 계기가 될 것인데, 그 과정에서 피해자는 제2차 피해, 제3차 피해를 당할 수 있다. 대놓고 말하는 사람이 많지는 않겠지만 상당수의 사람들은 왜 그때 이야기하지 않고 시간이 한참 지난 지금에 와서 다 지난 이야기를 꺼내느냐고 생각할 수 있다. 다른 사람이 폭로를 하니까 덩달아 하는 것 아니냐고 속으로 생각할 수도 있다. 그렇게 수치스럽고 힘들었다면 어떻게 지금까지 참았고, 참을 거면 끝까지 참지 왜 다른 사람들이 미투를 한다고 같이 하느냐는 의문을 가질 수도 있을 것이다. 만약 동결 반응을 제대로 아는 사람이라면, 이런 생각과 질문을 하지는 못한다.

동결 반응은 의식이 감당할 수 없었던 것을 무의식이 행한 방어기작이다. 감당할 수 없어서 동결이 일어났던 것인데, 아직 그 동결이 강하게 이어지고 있던 시기에 폭로를 하는 것이 현실적으로 가능할까? 1년 전만 하더라도 미투에 대한 사회적 공감대가 없었는데, 그 이전의 시대에 미투를 외치고 힘없는 피해자가 버틸 수 있었을까? 미투의 가해자는 사회적으로 우월적인 지휘에 있으면서 피해자에게 막강한 영향력을 행사할 수 있는 사람이 대부분인데, 폭로를 할 경우 실제로 죽임을 당할 수도 있다는 두려움이 있었을 것이고, 그렇게까지 가지는 않더라도 사회적인 생매장을 당했을 것이다. 법도 사회도 주변의 누구도 나를 보호해 안전하게 지켜주지 못하는 상황에서, 힘이 없는 내가 맞서 싸울 수 있을까? 기네스 펠트로와 안젤리나 졸리의 폭로가 없었더라면 힘없는 내가 한 폭로에 사람들이 관심이라고 가졌을까?

미투 운동에 참여하게 된 계기에 대해 다른 사람의 행동을 보고 용기를 얻었다는 사람도 있고, 가해자가 방송에 나와서 착한 척하면서 잘 사는 모습을 보고 참을 수가 없어서 미투를 하게 됐다고 말하는 사람도 있다. 두 번째 경우에 대해 가해자가 잘 살지 못하고 있었으면

난 왜 저항하지 못했나

미투를 안 했을 것 아니냐고 피해자를 의심하거나 비난하는 마음을 가지는 사람이 있을 수도 있다. 표면적으로만 들으면 그럴 듯한 이야기인데, 피해자가 왜 그런 결심을 하게 됐는지 현상만 보려고 하지 말고 내면심리도 같이 살피면 이야기는 달라진다. 성폭력을 당했을 그 당시에는 가해자가 잘 사는 모습을 봐도 아무 소지를 하지 못했을 것이다. 왜냐면 강하게 동결 반응을 일으키고 있었던 시기이기 때문이다. 무의식으로 눌러놓은 두려움을 꺼내도 될지 아닐지 모를 정도로 한참의 시간이 지난 후 내가 보호받을 수도 있고 내가 폭로해도 안전할 수도 있다는 사회적 분위기도 형성된 상태에서, 가해자가 방송을 통해 가식적인 모습을 보이는 것이 나의 동결을 깨는 트리거로 작용한 것이다. 그런 가식적인 모습을 본 내가 잘못한 게 아니라 가식적인 모습으로 방송에 나온 사람이 잘못한 것이다. 본인이 가진 힘과 권위로 행한 잘못에 대한 죄책감이 없이 착한 척하는 방송을 한 사람이 잘못한 것이지, 그 방송을 본 내가 잘못한 것은 아니다. 피해자가 얼마나 힘들게 살고 있는지, 눌러놓은 내면의 아픔이 얼마나 큰지 한 번이라고 생각했다면, 영화나 드라마도 아닌 예능 프로그램에 나와서 자신의 이미지를 그렇게 포장하지는 못했을 것이다. 과거의 잘못에 대해 사과하지도 응분의 죗값을 치르지도 않았던 사람이 과도한 이미지 포장을 한 것이 잘못이지, 그런 모습이 나온 방송을 본 것이 잘못은 아닌 것이다.

성폭행 때문에 동결 반응이 일어나는 순간은 죽이고 싶은 순간이 아닌 죽고 싶은 순간

       °성폭행과 같은 치욕적인 사고를 당했을 때 피해자는 가해자를 죽이고 싶을 정도로 강하게 분노하는 게 당연하다고 생각할 수 있지만, 실제로 피해자는 그런 피해를 입은 자기 자신에 대한 미움 또한 가지게 된다는 점은 무척 안타깝다. 동결 반응이 일어나는 순간은 상대를 죽이고 싶은 순간이 아니라 내가 죽고 싶은 순간이다. 죽이고 싶은 마음과 분노가 컸으면 동결 반응은 일어나지 않았을 것이다. 견딜 수 없는 공포 때문에 동결 반응이라는 방어기작이 나타나는 것인데, 만약 동결 반응이 일어나지 않는다면 극도의 공포심으로 자신의 생명이 위태로워질 수도 있기 때문이다.

  정말로 치욕적이고 감당할 수 없는 그 순간, 동결 반응이 일어나는 그 순간에 가해자인 상대방이 혐오스럽고 미워지는 것이 당연한데, 어쩌면 가해자보다 피해자인 나 스스로가 더 혐오스러워지고 미워지는 순간일 수도 있다. 그렇게 되는 게 맞는다는 게 아니라 내면은 그렇게 받아들일 위험성이 많다는 것이다. 좀 과하게 가정해 말한다면 동결 반응이 일어나기 직전에 피해자의 옆에 칼이 있었을 경우, 그 칼의 방향은 가해자를 향하게 되고 나를 보호하도록 사용됐을 수도 있지만, 반대로 나를 훼손하는 데 사용됐을 가능성도 있다. 말도 안 되는 억측이라고 반문하는 사람도 있을 것인데, 고려 때 시작돼 조선시대에 보편화된 은장도(銀粧刀)가 그 대표적인 예이다.

은장도는 은으로 만든 작은 칼로 평복에 차는 노리개의 하나였다. 평상시에는 장식용 칼이지만, 유사시에는 상내방을 공격하거나 자결을 할 때 사용됐다. 유사시에 상대방을 공격해 자신을 보호하기 위한 용도라는 점은 쉽게 수긍이 가지만, 자결을 위한 용도로 사용되기도 했다는 점은 지금 생각해도 매우 마음이 아프다. 은장도는 심리적으로 볼 때 동결 반응을 일어나지 않게 만드는 마지막 호신 도구이기도 했지만, 동결 반응이 일어나기 전에 스스로를 훼손하게 만드는 도구이기도 했던 것이다.

동결 반응이 일어나는 순간은 죽이고 싶은 순간이 아닌 죽고 싶은 순간이라는 점은, 피해자가 죄의식을 느끼고 스스로를 한심하게 여기는 말도 안 되는 마음과 맥을 같이한다. 준비한 적이 없는 상태에서 닥친 공포를 극복하기 위해서는, 그 순간은 죽고 싶은 순간이 아니라 죽이고 싶은 순간이 맞고, 죄를 짓지 않은 피해자가 죄의식을 가질 필요가 없다는 것을 미리 배우고 익히고 반복할 필요가 있다. 죽이고 싶은 순간에 가해를 하려고 했던 사람을 죽여도 된다는 뜻은 아니고, 내 마음 속에 내가 죽고 싶었던 순간은 사실 가해자를 죽이고 싶을 정도로 미웠던 순간이라는 점을 인지하고 받아들일 필요가 있다는 것을 뜻한다.

시간이 지난 후의 미투 운동도 마찬가지이다. 제3자는 피해자가 가해자에 대해 죽이고 싶을 정도로 분노를 가지고 있을 것이라고 생각할 것인데, 어느 정도는 맞는 이야기일 것이다. 그런데, 그런 마음만 있는 게 아니라 그때 당했던 나 자신이 미워지고 죽고 싶도록 싫었던 기억이 다시 돌아올 수도 있는 것이다. 미투를 폭로하는 사람은 가해자에 대한 분노로만 가득 차 있을 것이라고 생각하는 사람도 있겠지만, 가해자에 대한 분노 못지않고 스스로에 대한 미움을 가지고 있을 위험성이 있다. 차라리 죽고 싶었을 정도로 무서운 고통으로 인해 동결 반응이 왔다는 것을 기억해야 한다. 동결 반응은 가벼운 회피가 아니라 생존을 위한 방어기작이라는 점을 염두에 두어야 한다.

난 왜 저항하지 못했나

동결 반응의 개념과 여자의 심리상태를 모르는 가해자는 죄책감도 느끼지 않는 다. 성교육 프로그램에 동결 반응 교육 프로그램을 반드시 포함해야 한다

　　　　　　　　　°성추행의 경우에도 수치심, 모욕 감의 강도와 정도에 따라 성폭행 못지않은 심리적, 정신적 고통을 겪 을 수도 있다. 성폭력, 특히 성폭행의 피해자가 그런 고통의 나날을 보 내는 동안, 가해자는 아무런 죄책감도 느끼지 않을 수도 있다. 실제 로 피해자들이 분노하는 것은 가해를 했던 그 시간뿐만 아니라, 그 이후에 아무런 죄책감도 없이 잘 살고 있었던 가해자의 모습에 대해 서이다. 가해자가 죄책감을 느끼지 않는 이유는 여러 가지가 있을 수 있지만, 동결 반응의 개념과 여자의 심리상태를 전혀 모르고 있기 때 문일 수도 있다. 피해자가 견딜 수 없이 공포스럽고 치욕스러워서 동 결 반응을 일으켰는데, 그것을 더 이상 저항하지 않고 받아들인 것으 로 착각했을 수 있다. 실제로 자신은 억울하다며 상대방 여자가 거부 하지 않았다고 말하는 경우가 이런 사례이다.

　여자의 심리상태를 모르면서 자신의 느낌으로 여자를 해석하는 경 향도 문제이다. 여자도 마찬가지로 남자를 대할 때 여자 자신의 느낌 으로 해석하겠지만, 남자는 그냥 해석하는 데 머물지 않고 행동으로 옮기는 충동을 발휘하는 경우가 많다는 점이 위험하고 문제가 되는 것이다. "튕기는 것이니까 그냥 덮치면 돼."라는 말을 마치 조언처럼 하는 남자나 그런 잘못된 말을 믿고 똑같은 잘못을 저지르는 남자가 특정한 사례만은 아니라는 점은. 가해자가 잘못을 저지르고도 잘못이라고 생각하지 못하는 현실과 맞닿아 있다.

처음에는 거부의 의사를 표현했지만 남자가 강하게 위력으로 협박했기 때문에 혹은 권위와 지위를 앞세워 심리적으로 제압했기 때문에 동결 반응을 일으킨 여자는 더 이상 거부의 의사를 표현할 수 없었던 것이다. 그런데, 여자의 동결 반응을 드디어 자신을 받아들인 것으로 가해자는 오인할 수 있다. 저항하지 못한 것을 저항하지 않은 것으로 착각하기 때문에 성폭행을 하는 순간에 죄책감을 느끼지도 않는 것이다. 같은 맥락에서 그런 가해자는 성폭행 후에도 죄책감을 느끼지 않는 것이다. 저항하지도 못할 정도로 무서워서 움직이지도 못한 것을 잘못 이해한 것이다.

동결 반응에 대한 교육과 훈련은 여자뿐만 아니라 남자에게도 필요한데, 만약 남자가 동결 반응이라는 개념을 제대로 알고 있고 몸과 마음을 주체할 수 없는 순간에 이 개념을 떠올려 적용할 수 있다면 성폭력, 성추행은 줄어들 수도 있다. 처음에는 튕겼지만 이제는 받아들여서 가만히 있는 게 아니라 지금 이 순간이 극도로 싫고 두려워서 여자가 동결 반응을 보이는 것이라는 점을 알게 된다면, 더 이상의 행동을 하지 않고 멈출 수 있는 남자도 분명히 있을 것이기 때문이다.

그 순간에 잘못된 행동을 했더라도 나중에 동결 반응이라는 관점에서 돌이켜 생각할 때 자신의 행동이 잘못됐다는 것을 뒤늦게 깨닫고 반성하고 사죄하는 남자 또한 분명히 있을 것이다.

더 중요한 점은 동결 반응에 대한 사회적인 인식과 공감대가 확산될 경우, 그런 상황에서 동결 반응이 일어난다는 것을 남자와 여자가 모두 알게 될 것이고 성폭력은 줄어들 수도 있다는 것이다. 이를 위해서 성교육 프로그램에 동결 반응에 대한 교육과 동결 반응을 극복하는 교육 프로그램을 필수적으로 포함시키기를 제안한다. 나를 함부로 만지지 못하게 하는 것과 남을 함부로 만지면 안 된다는 것을 교육할 때, 상대방이 조금이라도 동결 반응을 보였을지도 모른다고 생각되면 무조건 멈춰야 한다는 것 또한 반드시 교육해야 한다. 상대방이 동결 반응을 보였을 때 멈추지 않는 것이 얼마나 중대한 범죄인지 알게 해야 하고, 오히려 저항하지 못하는 그 순간에 상대방이 얼마나 두려워서 떨고 있는지 교육을 통해 알게 해야 한다.

동결 반응에 대한 교육 프로그램 시행이 반드시 필요한 사람들이 또 있다. 경찰과 검찰, 군, 교육청, 인권센터 등 성폭력에 대한 신고, 조사, 판결에 관여하는 관계자들이다. 피해자를 배려하지 않는 마인드 때문에 조사과정에서 제2차 피해를 유발할 수도 있지만, 제대로 이해하지 못하고 알지 못해서 본의 아닌 제2차 가해가 이뤄지는 경우도 많다는 점을 고려해 동결 반응을 비롯한 피해자의 심리상태에 대한 교육이 필요하다. 성폭력 조사 과정에서의 피해자의 심리상태에 대한 공동연구가 일선 경찰과 심리상담학계에서 지속적으로 이뤄진다면 교육 프로그램을 만드는 데도 큰 도움이 될 것으로 사료된다.

교양 프로그램에서 동결 반응에 대한 이야기를 나누는 것도 의미가 있을 것이고, 동결 반응이 영화나 드라마의 소재로 선택돼 제작된다면 전 국민이 동결 반응에 대한 개념을 공유하고 마인드를 가지게 되는 데 결정적인 역할을 할 수 있을 것이다. 문화예술이 미치는 긍정적인 영향으로 동결 반응의 개념에 대한 이해와 공유가 이루어진다면, 개인 및 사회적 상처를 이해하고 치료할 수 있고 사고 예방에도 도움이 될 것으로 기대된다. 성폭력뿐만 아니라 국가적인 재난의 순간에도 어찌할 줄 모르고 동결 반응을 일으키는 사람들이 있다는 점을 고려하면, 영화나 드라마를 통한 동결 반응에 대한 개념 공유는 사회 전반적으로 의미 있는 결과를 도출할 수 있을 것이라고 예상된다.

난 왜 저항하지 못했나

제2장

성적 투사적 동일시

대상관계이론이란?

°오스트리아의 생리학자이자 정신병리학자인 프로이트(Sigmund Freud)는 정신분석의 창시자이다. 꿈에 대한 해석을 이상하게 하고, 무의식이 만병통치약인 듯 과대 해석하고, 평범한 것을 병적인 것으로 여기도록 만든 인물이라고 프로이트를 생각하는 사람도 있을 것이다. 프로이트라는 이름만 나와도 황당한 이야기가 전개될 것이라고 생각해 일단 귀를 닫는 사람도 있을 것이다. 그러나 프로이트의 정신분석학의 본질과 가치, 의미를 알고, 프로이트가 이룬 업적과 그 업적이 미친 긍정적인 파장을 아는 사람은 우리가 얼마나 프로이트에게 고마워하며 살아야 하는지 거품 물고 이야기할 수도 있다.

프로이트 이후의 정신분석학은 자아심리학(Ego Psychology), 대상관계이론(Object Relation theory), 대인관계이론(Interpersonal elation theory) 등 크게 세 분류로 나누어졌다. 프로이트 초기의 심리학은 무의식을 대상으로 하는 심층심리학이었으나, 후기의 심리학은 자아를 대상으로 하는 심리학으로 자아심리학으로 불리는데, 프로이트의 딸인 안나 프로이트(Anna Freud) 등에 의해 발전됐다.

대상관계이론은 현재의 인간관계가 과거에 형성된 인간관계의 영향을 받는다는 이론이다. 자아심리학과 대표적으로 다른 점은 인간의 근본적인 본성을 본능이 아닌 대상관계라고 봤는데, 관계성을 중심으로 대인관계 경험의 중요성을 강조한다. 대인관계이론은 신프로이트 학파(Neo-Freudians)라고도 하는데, 사회·문화적 영향을 강조하고 생물학적 요인의 역할을 중요하게 생각하지 않는다는 특징을 가지고 있다.

이 책의 핵심적인 내용을 터득하기 위해 정신분석학, 심리학의 발전 과정을 꼭 알아야 하는 것은 아니다. 그렇지만 '대상관계이론'이라는 용어를 처음 들으면 심리학 용어라고 생각하지 않고 다른 영역을 상상할 수 있기 때문에 유발되는 선입견을 방지하고, 멜라니 클라인 (Melanie Klein)의 '투사적 동일시'가 어디에 위치하는지 확인하기 위해 살펴본 것이다.

멜라니 클라인은 영국의 정신분석학자로 대상관계이론의 창시자이다. 어린이의 정신치료에 놀이치료를 처음으로 도입했다는 의의를 가지고 있다. 심리학은 같은 용어라도 사용하는 학자에 따라 다른 의미로 사용한 경우가 많기 때문에, 누가 사용한 용어인지를 확인하는 것이 중요하다. 클라인은 '본능'이나 '자아'와 같은 용어들을 프로이트와 다르게 사용했다. 클라인은 인간을 관계와 갈등과 변화의 주관적인 세계 속에 있는 주체적인 행위자로 보며, 외부 세계는 이 주관적인 세계를 매개로 하여 경험된다고 가정한다. 즉, 모든 내면의 움직임은 그 것이 욕망이든 파괴성이든 대상(타인)과 연결하고자 하는 욕구가 있는 것이다. 프로이트처럼 클라인은 사랑하고자 하는 충동과 파괴하고자 하는 충동 사이의 갈등을 조절하는 것을 삶으로 보았다는 공통점이 있다.

　내가 왜 이러는지 모를 때가 많다. 의식이 감당하기 어려워 무의식으로 보내는 많은 것이 있다. 대상관계이론을 대입하면 그 원인을 다른 사람(대상, 타인)과의 관계성에서 찾을 수 있다. 대상관계이론 심리학자는 다양하고, 각각 특징적인 통찰을 가지고 있다. 본 책은 멜라니 클라인의 투사적 동일시 중에서도 성적 투사적 동일시를 통해, 나도 모르는 나의 내면이 어떤 선택을 했는지 지금도 하고 있는지 알아보려고 한다. 동결 반응과는 달리 성적 투사적 동일시에 대해 살펴보는 것은 필자에게는 큰 부담이다. 표현의 디테일에 따라 충분히 오해할 수 있는 위험성이 도사리고 있을 뿐만 아니라, 가해자에 의해 악용될 수 있는 소지도 있고 악의적으로 해석될 위험성도 존재하기 때문이다.

　그럼에도 불구하고 성적 투사적 동일시에 대해 기술하기로 결정한 이유는, 투사와 투사적 동일시에 대해 내면심리가 작용하는 원리를 모르고 있을 경우 받게 되는 위험과 불이익은 피해자의 삶을 망가뜨릴 수도 있기 때문이다. 투사적 동일시, 그중에서도 성적 투사적 동일시를 사용한다는 것을 받아들이기는 절대 쉽지 않다. 나를 돕고 싶다는 진실된 마음에서 내게 한 말일지라도, 처음에는 나를 공격하는 말로 받아들이게 될 위험성이 많기 때문이다. 미리 말해두는데, 성추행이나 성희롱, 성폭행 등 성폭력을 당한 사람을 성적 투사적 동일시를 사용한 사람으로 보는 것은 절대 아니다. 그렇지만 성적 투사적 동일시는 상대에게 잘못된 메시지를 줄 수도 있다는 점에서 정도가 심하다면 고쳐야 하는 것은 분명하다. 투사적 동일시를 사용하지 않더라도 긍정적이고 건강한 방법은 많이 있다는 점을 기억할 필요가 있다.

투사와 투사적 동일시

°내가 엄마를 미워한다고 가정하자. 이럴 경우 미워하는 마음을 내가 직접적으로 표현하거나 행동으로 나타낼 수도 있지만, 엄마를 미워하는 나 자신을 인정하고 받아들일 수가 없어서 표현할 수 없는 경우가 있다. 엄마는 나를 키워주고 보호해 주는 존재인데, 그런 엄마를 미워할 경우 더 이상 보호를 받을 수 없다는 두려움, 엄마와의 좋았던 기억까지 다 사라질 것 같은 두려움, 은혜도 모르는 사람이라고 비난받을 것이라고 두려움이 생길 가능성이 있다. 이때 만약 엄마를 미워하는 마음이 크지 않다면 미워하는 마음을 더 이상 가지지 않고 미움을 거둬들일 수도 있지만, 나의 내면의 미움을 속으로 그냥 감당하기 힘들 경우 내가 엄마를 미워하는 게 아니라 엄마가 나를 미워하는 것이라고 나의 미움을 엄마에게 전가할 수 있다. 이때 미움의 전가는 의식의 영역에서 이뤄지는 것이 아니라 무의식의 영역에서 이뤄진다. 그렇기 때문에 나의 미움을 전가한 후에는 내가 엄마를 미워하는 게 아니라 엄마가 나를 미워한다고 생각하게 되는데, 의식의 영역에서 감당할 수 없어서 무의식이 선택한 것이기 때문에 마음이 전가된 과정을 나는 인지하지 못하고 엄마가 나를 미워한다는 것만 받아들이고 있는 것이다.

이렇게 자기 내면에 있는 스스로 견디기 힘든 부분을 무의식적으로 다른 사람에게 전가해 고통과 괴로움을 줄이려는 것이 투사(Projection)이다. 자기 마음 안에 있는 것을 외부 세계에 있는 대상으로 돌리려는 것인데, 주로 죄의식, 열등감, 공격성, 수치심 등 직면하기 어려운 면들이 투사된다. 내가 죄의식을 가지고 있는데 상대방이 죄의식이 있다고 생각하게 되고, 내가 열등감을 가지고 있는데 상대방이 열등감을 가지고 있나고 보는 것이다. 내가 공격하고 싶은 마음이 있는 것을 상대방이 나를 공격한다고 느끼는 것이며, 내가 느껴야 할 수치심을 감당하지 못해 그 수치심은 상대방의 것이라고 하는 것이 투사이다.

실제로는 내가 엄마를 미워하는데, 엄마를 미워한다는 마음을 스스로 가질 자신감의 부족, 사회적 제약 등의 이유로 엄마에게 내 마음을 투영해 엄마가 나를 미워한다고 생각하는 것이 투사이다. 투사는 의식의 영역에서 이뤄지기보다는 무의식의 영역에서 이뤄진다. 의식의 세계에서는 내가 감당할 수 없기에 무의식이 발휘하게 되는 것이다.

내가 엄마를 미워하는 마음을 감당할 수 없어서 엄마가 나를 미워한다고 투사했는데, 투사 대상자인 엄마가 나를 미워하지 않는다면 어떨까? 나의 투사는 제대로 이뤄지지 않은 것이라고 느낄 것이다. 물론 이것도 의식이 느끼는 게 아니라 무의식이 느끼는 것이다. 나의 의식은 나의 투사 자체도 알지 못하는 경우가 일반적이다. 내가 엄마를 미워하는 마음을 투사를 통해 전가하려 했는데, 엄마가 나를 미워하지 않으면 전가됐다고 생각됐던 것이 전가되지 않은 것이 될 것이고 그러면 처음에 가졌던 내 마음의 견딜 수 없는 미움은 다시 나의 것이 된다. 내 마음은 다시 감당할 수 없는 상황으로 원위치하는 것이다.

이럴 경우, 엄마가 나를 미워한다고 하는 단순 투사에 머물지 않고, 엄마가 실제로 나를 미워하도록 자극할 수 있다. 말이나 행동 등 다양한 방법이 사용될 수 있는데, 투사가 실제로 일어나도록 만드는 적극적인 투사가 투사적 동일시(Projective Identification)이다. 멜라니 클라인은 투사가 투사적 동일시로 이어지는 것을 정립한 학자이다. 내가 투사한 대상을 내 마음이 투사한 상태로 그냥 두지 않고 투사한 것이 실제로 일어나도록 만드는 적극적인 투사가 이뤄질 수 있는데, 클라인은 이를 투사적 동일시라고 했다.

투사는 자기 내면에 담아둘 수 없는 충동을 분열해 타인에게 들어가는 것이다. 감당할 수 없는 것을 외부 세계로 돌려 자기 내부에 있다고 느끼는 나쁜 것으로부터 좋은 것을 지켜내기 위함인데, 내가 엄마를 미워한다는 것을 감당할 수 없기 때문에 나를 지키기 위해 내면이 선택한 것이 투사이고, 그 투사를 완성하기 위한 적극적인 투사가 투사적 동일시인 것이다.

내가 엄마를 미워하는데 엄마가 나를 미워한다는 감정을 전이한 것이 투사라면, 전이된 상태로만 있으면 불안하고 안전감이 확보되지 못하기 때문에 실제로 엄마가 나를 미워하게 만드는 것이 투사적 동일시인 것이다. 투사와 투사적 동일시는 모두 무의식의 영역에서 이뤄지기 때문에 실제로 행한 사람은 의식의 영역에서 알지 못한다. 어떤 엄마에게 "자식을 사랑하면서도 왜 그렇게 미워하기도 하느냐?"라고 물었을 때, "당연히 사랑하는 세 맞는데, 미운 짓을 골라서 한다. 그럴 때면 정말 미워서 때려주고 싶다."라고 말하는 경우가 있다. "애들은 원래 미운 짓을 자주 해."라고 하면서 그냥 넘어가는 경우가 대부분이겠지만, 엄마가 좋으면서도 어떤 부분에서는 엄마를 미워하는 마음이 너무 커 그런 자신을 감당할 수 없어 아이가 투사적 동일시를 사용했을 수도 있다.

만약 아이가 자신도 모르는 상황에서 엄마에게 미움의 투사적 동일시를 사용한다면, 그 이전에 아이에게는 엄마와의 관계가 원활하지 않아서 상처받았던 경험이 분명히 있었을 것이다. 그 상처는 치유되지 않은 상태로 덮여져 있을 것이다. 아이는 상처를 감당할 수 없기에 내면에 꾹꾹 눌러놓았을 것이고, 그런 아픈 기억은 엄마에 대한 미움이 되어 자라나고 있었을 것이다. 아이는 감당할 수 없기에 미움을 투사하고, 투사적 동일시까지 쓴 것이기 때문에, 엄마가 아이를 붙잡아 놓고 "너 왜 그러니? 이야기를 해 봐."라고 하더라도 제대로 된 대답을 하지 못할 것이다. 이때 엄마는 대답을 하지 못하는 게 아니라 안 하는 것이라고 하면서, 미운 짓을 골라한다고 아이를 보며 직접적 혹은 간접적으로 말할 수 있는데, 아이의 내면을 잘 몰라서 하는 엄마의 반응인 것이다. 반면에, 아이의 미움의 투사적 동일시는 완성되는 것인데, 완성됐다고 좋은 것은 절대 아니라 더 위험해진 것이다. 엄마를 내가 미워한다는 것을 감당하지 않아도 된다는 마음의 위안을 얻었지만, 이제 진짜 엄마에게 미움을 받는 것이기 때문에 이런 경험은 아이의 의식세계를 평생 동안 가두는 가시 있는 철조망이 될 수 있다.

크면서 다 겪는 것이라고, 우리도 어릴 때 다 그랬다고 하면서 어른들 입장에서 그게 무슨 상처냐 무시할 수도 있을 것이다. 중요한 것은 느끼는 사람이 크게 느끼면 큰 상처인 것이다. 상처를 준 사람이 의도했든 아니든지에 상관없이 상처를 받는 사람이 대수롭지 않게 여기면 별 거 아닌 것이고, 받는 사람이 정말 큰 상처를 받으면 정말 큰 상처인 것이다. 대부분의 사람들은 의도이든 실수이든 무지에서 온 말과 행동이든 내 기준에서 괜찮으면 다 괜찮은 것으로 여기는 경향이 있다. 인간이기 때문에 내 기준에서 생각하지 않을 수는 없겠지만, 보편적인 기준, 특정한 상대방의 입장에서 한번쯤 생각하는 것이 필요하다. 중요한 순간에 이런 역지사지를 놓치지 않으려면 그런 생각, 말과 행동을 습관화해야 하는데, 너무 철저하게 습관화하다 보면 내 기준은 없어지고 다른 사람의 눈치만 보게 될 수도 있다. 보편적인 기준을 가지고 중용을 지키는 것은 이론적으로는 쉬울 수 있지만, 실제로는 절대 쉽지 않기 때문에 기준에서 크게 벗어나지 않기 위해 꾸준한 노력이 필요하다.

만약 아이가 엄마를 의식적으로 미워하고 의식적으로 미워하는 행동을 한다면, 그 경우도 투사적 동일시일까? 투사와 투사적 동일시는 스스로 감당할 수 없었을 때 내면이 어쩔 수 없이 선택하는 것이다. 엄마를 미워한다는 것을 본인이 알면서 행동한다면 그건 투사적 동일시가 아니라 그냥 미움인 것이다. 의식적으로 미워했나면 그것은 투사적 동일시가 아니다. 투사적 동일시는 실제적으로 시작한 것은 나이지만, 무의식의 영역에서 이뤄지기 때문에 상대방이 나에게 그런 마음을 주고 있다고 자기 스스로도 착각하게 만드는 위력을 발휘한다는 점을 염두에 두어야 한다.

투사와 투사적 동일시를 설명하기 위해 가정한 아이가 엄마를 미워한다는 예가 매우 불편했던 독자도 있을 것이다. 반면에 가정한 사례를 보면서, 우리 아이는 아빠를 미워하기는 하지만 나를 엄청 좋아한다고 하면서 오히려 기뻐하는 엄마 독자도 있을 것이다. 일종의 승리감 비슷한 쾌감을 느낄 수도 있다. 그런데, 그런 현상이 과연 항상 눈에 보이는 그대로일까?

물론 이것도 가정이고, 늘 발생하는 경우라고 단정할 수는 없지만, 전혀 다른 이유로 인해 현상이 그렇게 보일 가능성도 있다. 엄마가 정말 미운데 미워할 수 없는 경우, 그렇다고 엄마를 미워하는 마음을 스스로 추스를 수도 없는 경우, 엄마를 미워하는데 아빠를 미워하도록 투사의 방향을 아이는 바꿀 수도 있다. 내가 엄마를 미워하는 마

음을 엄마에게 투사하는 것이 아니라 아빠에게 투사하는 것이다. 이
게 무슨 말도 안 되는 가정이냐고 거부감이 들 수도 있겠지만, 아빠보
다 엄마와 하루 종일 더 많은 시간을 보내는 아이는 엄마를 미워하게
될 경우 엄마가 주는 음식, 엄마가 주는 보호를 받으면서 양가감정이
생겨 마음의 갈등이 생길 수도 있다는 점에 주목할 필요가 있다. 양
가감정은 두 가지 서로 다른 감정이 동시에 생기는 것을 뜻한다. 엄마
를 미워하면서도 엄마가 좋은 감정을 동시에 느끼는 것 또한 힘들기
때문에 미움은 한쪽, 즉 아빠에게로 넘길 수도 있는 것이다.

아이가 엄마를 미워하는데, 그 미워하는 마음을 감당할 수 없어서
엄마가 아이를 미워한다고 투사하고, 실제로 미워하게 만드는 투사적
동일시는 아래와 같다.

내가 엄마를 미워함

아이가 엄마를 미워하는데, 그 미워하는 마음을 감당할 수도 없고,
그 미워하는 마음을 엄마에게 투사해 내가 미움 받는 존재가 되는
것도 감당할 수 없는 경우, 엄마를 미워하는 아이는 아빠를 미워하는
것으로 투사의 대상을 바꾼 후 아빠가 나를 미워한다고 투사하고, 아

빠가 나를 미워하도록 투사적 동일시를 할 수도 있는 것이다. 위의 가정보다 하나의 단계가 더 들어가는데, 엄마의 입장에서는 추가된 과정 하나를 인정하고 받아들이기는 쉽지 않을 것이다.

내가 엄마를 미워함

투사 ▷ 내가 아빠를 미워함 (투사의 대상을 바꿈)

투사 ▷ 아빠가 나를 미워함

투사적 동일시 ▷ 아빠가 나를 미워하도록 자극함
(아빠가 나를 미워하게 만듦)

투사적 동일시는 좀 더 복잡하고 극단적인 형태의 투사이다. 감정이나 경험을 전달하는 비언어적 소통이기 때문에 투사를 한 사람과 투사의 대상자가 된 사람 모두 의식의 영역에서는 인지하지 못하는 것이 일반적이다. 투사적 동일시가 무조건 나쁜 것이고, 부정적인 영향만 있는 것일까? 만약 부정적인 면만 있다면 무의식이 투사적 동일시를 선택하지는 않았을 것이다.

병리적인 수준까지 가지 않는 가볍고 호의적인 형태의 투사적 동일시를 받는 사람은, 투사적 동일시를 하는 사람의 입장에 서서 그 사람의 마음을 알게 되고 공감하게 되는 긍정적인 측면이 있을 수 있다. 물론 투사적 동일시가 대부분 좋게 끝나기 어렵지만 긍정적인 측면도 내포하고 있는 것이다. 그러나 편집-분열성 수준에 이르면 자신이 원하지 않는 부분까지도 투사하게 되므로 투사적 동일시는 파괴적인 위험성을 가질 수 있다.

투사적 동일시는 근본적인 문제 해결책이 아닌데, 그 이유는 당장 감당할 수 없는 것을 상대방에게 전이한 것이기 때문이다. 투사적 동일시를 행하는 사람의 입장에서 볼 때는 어디까지가 자신이고 어디부터가 다른 사람인지 혼란을 일으키게 된다. 그 이유는 원하지 않는 부분까지 투사를 하게 됐다는 점과 내 감정이나 경험을 다른 사람에게 투사했다는 점이 결합되기 때문이다.

투사의 대상이 된 사람, 투사적 동일시를 받은 사람의 경우 자신의 경험이나 감정이 아닌 투사를 한 사람, 투사적 동일시를 행한 사람의 감정이나 경험이기 때문에 내면의 혼란을 가져올 수밖에 없다. 내가 왜 그런 마음을 가지게 되고 그런 행동을 하게 됐는지 답답하고 찜찜할 수 있다. 그렇기 때문에 투사를 통해 들어오는 힘을 밀어내고 그것을 보낸 상대방에게 되돌려 주고 싶은 충동을 가지게 될 수 있다.

투사적 동일시는 한 개인이 특정한 상황에서 다른 사람들의 행동이나 반응을 유발하는 대인관계 행동유형인데, '유발하는'이라는 표현에 주목할 필요가 있다. '발생하는'이 아닌 '유발하는'이라는 표현은 투사적 동일시의 특징을 잘 설명한다. 자극해 유도하고 조종하는 것이다.

내적 세계를 밖으로 투사해 대인관계의 영역에서 작용하도록 유발하는 것인데, 투사와 투사적 동일시를 배워서 익힌 사람들을 제외하고는 투사의 목표, 투사의 대상자가 되는 사람들은 투사, 투사적 동일시가 일어난다는 것을 알지 못한다. 의식의 영역에서 의도적으로 한 행동보나 두사적 동일시가 너 큰 위력을 발휘할 수 있는 이유는, 의노를 숨기고 했을 때 효과가 더 크기 때문인데, 투사적 동일시는 의도를 알면서 숨기는 정도가 아니라 의식의 영역에서는 투사적 동일시를 행하는 사람도 그 의도를 모르기 때문이다.

투사적 동일시를 행한 사람은 상대방에게 내가 그렇게 하도록 자극한 후 그런 행동을 한 상대를 비난할 수도 있는데, 결국 자기 내부의 문제인지 모르고 비난하는 것이다. 물론 비난하는 본인도 비난받는 상대방도 의식의 영역에서는 그것을 알 수는 없다. 그런 면에서 볼 때 무언가 명확하지 않은 상태에서 인관관계가 꼬인 경우에 투사적 동일시가 개입됐을 가능성을 검토할 필요도 있을 것이다.

투사적 동일시의 종류

°투사가 수많은 형태로 나타날 수 있는 것처럼, 좀 더 복잡하고 적극적인 투사인 투사적 동일시 또한 수많은 형태로 나타날 수 있다. 죄의식, 열등감, 공격성, 수치심 등 직면하기 어려운 면들이 투사되는데, 투사적 동일시는 직면하기 어려운 문제들을 단지 외부세계로 돌리는 데 그치지 않고 적극적으로 투사가 현실화되도록 조정한다는 차이점이 있다. 앞서 여러 차례 언급했듯이 이런 적극적인 조정은 의식의 차원에서 이루어지는 것이 아니라 무의식의 차원에서 이루어지기 때문에 더욱 효과적일 수 있고, 부정적으로 작용할 경우 더욱 파괴적일 수 있다.

투사에는 분명히 긍정적인 요소가 내포되어 있는데, 병리적인 수준으로 커질 경우 문제가 된다. 투사적 동일시는 적극적인 조정이 가해지는 투사라는 입장에서 일단 부정적으로 보는 사람이 있을 수도 있지만, 정도와 강도, 깊이와 지속도에 따라 달라질 수 있다. 대표적인 투사적 동일시에는 의존적 투사적 동일시, 힘 투사적 동일시, 성적 투사적 동일시, 환심사기 투사적 동일시의 네 가지가 있는데, 네 가지의 기본적인 메커니즘을 정확하게 이해할 경우 응용력을 발휘해 다른 종류의 투사적 동일시의 구조도 이해하고 추정할 수 있다.

○ 투사적 동일시의 종류(1) : 의존적 투사적 동일시

의존적 투사적 동일시는 무의식적 상태에서 "나는 너 없이는 살 수가 없어"라고 의존하는 마음을 상대에게 전가해 상대방이 나를 도와줄 수밖에 없도록 만드는 것이다. 나의 만성적인 무기력함을 은연중에 호소해 상대방이 나를 도와줄 수밖에 없도록 만든다.

나의 의견과 주관으로 주체적이고 능동적으로 스스로 해결하기보다는 "당신은 어떻게 생각하시나요?"라는 질문처럼 상대방(대상)의 의견을 따르며 주도권을 상대방에게 넘겨 상대방이 주체적으로 결정하고 행동해 나를 도와줄 수밖에 없도록 만드는 것이다. 의존적 투사적 동일시를 행하는 나와 의존적 투사적 동일시의 대상이 되는 상대방 모두 의식의 영역이 아닌 무의식의 영역에서 도움을 요청하고 받는 것이기 때문에, 투사적 동일시의 대상이 되는 상대방은 나를 도와주고도 마음이 불편할 수 있다. 외형적으로는 분명히 본인이 주도적으로 나를 도와준 것인데, 무언가에 홀려서 나를 도와준 것처럼 느낄 수 있기 때문이다. 의식의 영역과 무의식의 영역의 불합치는 투사적 동일시를 행하는 나보다 대상이 되는 상대방이 더 크게 느낄 수 있기 때문에, 투사적 동일시의 개념을 모르더라도 감각이 좋은 사람이라면 반복되는 동일한 종류의 투사적 동일시를 알아챌 수도 있다. 물론, 명확한 개념으로 파악하기보다는 무언가 찜찜한 면이 있다고 느낄 수도 있는 것이다.

내가 직접적으로 상대방에게 도움을 요청하는 것 또한 의존적 투사적 동일시일까? 상대방에게 도움을 요청한다는 것이 의존을 하는 것이라는 점은 분명하다. 그렇지만 의식의 차원에서 직접적으로 요청하는 것이기 때문에, 의존적 투사적 동일시가 아닌 그냥 의존인 것이다. 직접적으로 의존하고 도움을 요청할 수 있을 정도로 당당함을 가지고 있고 그것을 제대로 표출한다면, 의식할 수 있는 수준에서의 의존이라고 볼 수 있다.

반면에, 상대방에게 의존해 도움을 요청하는 나의 모습이 열등감과 수치심을 일으켜 스스로 그런 나의 모습을 감당할 수 없지만, 상대방에게 의존하는 것을 선택할 경우 무의식의 차원에서 의존적 투사적 동일시가 이뤄지는 것이다.

내가 직접적인 의존과 요청을 할 경우 상대방은 나의 요청을 받아들일 수도 있고 거절할 수도 있다. 반면에, 내가 나도 잘 모르는 상황에서 의존적 투사적 동일시를 사용할 경우 상대방은 무언가 불편하면서도 나의 요청을 들어줄 수밖에 없는 상황에 놓이게 된다. 즉, 투사적 동일시는 일단의 목적을 이루는 데 훨씬 더 효과적일 수 있지만, 관계를 불편하게 만들 수 있고, 명쾌하지 않은 마음으로 나를 도와준 상대방은 나중에 내가 투사적 동일시의 방법이 아닌 직접적인 요청을 했을 때 흔쾌히 받아주기보다는 일단 보류하고 고민할 가능성이 높아질 수 있다.

난 왜 저항하지 못했나

○ 투사적 동일시의 종류(2) : 힘 투사적 동일시

의존적 투사적 동일시가 무의식적 상태에서 "나는 너 없이는 살 수가 없어"라고 의존하는 마음을 상대에게 전가해 상대방이 나를 도와줄 수밖에 없도록 만드는 것이라면, 반대로 힘 투사적 동일시는 "너는 나 없이는 살 수가 없어"라는 힘의 메시지를 무의식적으로 전달해 상대방을 자신의 통제 하에 두려고 하는 것을 뜻한다. 힘 투사적 동일시는 상대방을 불완전한 존재로 보며, 의존적 투사적 동일시는 자기를 불완전한 존재로 본다.

내가 의존할 경우 결정권이 내가 아닌 상대방에게 있기 때문에 그런 나를 감당하기 힘들었을 때 의존적 투사적 동일시를 행한다는 점은 이해가 가지만, 충분한 힘이 있는데 힘을 발휘하면 되지 왜 힘 투사적 동일시를 쓰게 되는지 의문을 가질 수도 있다. 힘이 있고 그 힘이 제대로 영향력을 발휘했으면 힘 투사적 동일시가 사용될 필요가 없고 사용되지도 않았을 것이다. 나는 힘으로 모든 것을 해결하는 그런 사람은 아니라고 스스로 믿고 싶지만, 나의 힘이 영향을 주고 싶을 때, 아닌 척하면서 은연중에 자신의 힘을 어필하고 싶을 때 힘 투사적 동일시가 사용되는 것이다. 새로 산 고급 시계를 주변 사람들에게 대놓고 자랑하는 것을 힘이라고 한다면, 손과 팔의 움직임을 통해 은근슬쩍 시계를 다른 사람에게 보이게 만드는 것은 힘 투사적 동일시라고 볼 수 있다.

○ 투사적 동일시의 종류⑶ : 성적 투사적 동일시

성적 투사적 동일시는 나도 모르게 표현하는 유혹적인 몸짓과 움직임을 통해 상대방을 완벽하게 성적으로 각성하게 만드는 것이다. 성적 투사적 동일시를 당한 상대방은 스스로의 자발적 선택으로 행동한 것이 아니기 때문에, 나도 모르게 투사적 동일시를 행한 사람을 유혹했다는 인정하기 힘든 불편한 마음을 가질 수 있다.

의도적으로 상대방을 유혹하는 것 또한 성적 투사적 동일시일까? 의식의 영역에서 본인이 인지하면서 하는 의도적인 유혹은 말 그대로 유혹이다. 성적 투사적 동일시는 나의 유혹에 대해 상대방이 거절할 것이라는 두려움이 크고 자신감이 현저하게 부족하거나, 내가 유혹하면 안 된다고 생각하는 대상을 유혹하고 싶은 마음이 있을 때 사용된다. 의도적으로 상대방에게 추파를 던지는 것이 유혹이라면, 나도 모르게 다리를 비비꼬거나 나도 모르게 눈을 게슴츠레하게 뜨는 행동은 성적 투사적 동일시일 수 있다. 내 의식의 영역에서 볼 때 유혹은 내가 인지하고 있지만, 성적 투사적 동일시를 내가 하고 있다는 것은 알지 못한다. 반면에 상대방은 직접적인 유혹을 받을 때와 성적 투사적 동일시를 받을 때 모두 성적으로 각성된다. 의도를 숨긴 행동이 효과적인 것처럼, 행하는 나도 모르는 성적 투사적 동일시는 강력한 효과를 발휘할 수 있다.

난 왜 저항하지 못했나

병리적인 수준에서 과도하게 발현될 경우 투사적 동일시 중에서도 가장 위험성이 큰 투사적 동일시는 성적 투사적 동일시이다. 가장 강력한 투사적 동일시이기 때문에 위험성이 가장 큰 투사적 동일시이기도 하다. 성적 투사적 동일시의 대상이 된 사람에게도 해당되겠지만, 투사직 동일시를 행한 사람의 삶과 정신세계를 낭가느릴 수 있다. 다른 투사적 동일시와는 달리 성적인 억압이 전제돼 있기 때문에, 성적 투사적 동일시가 행해질 때는 의도된 만큼 위력을 발휘하는 것이 아니라 억눌렸던 만큼 더욱 과도하게 발휘되기 때문에 주체가 되는 사람과 대상이 되는 사람 모두 감당할 수 없을 만큼 위험해질 수 있다.

성적 투사적 동일시는 성애적인 반응을 유도, 그 반응을 통해 관계를 유지하려는 것이다. 성적 투사적 동일시를 활용하는 사람들은 어른들에게 성적 각성을 제공하는 동안 그들이 필요한 존재가 된다는 것을 어릴 적부터 배웠을 가능성이 높다. 계속 반복되는 이야기인데, 이때 배우는 것은 의식적인 수준에서의 학습이 아닌 생존과 관계성의 차원에서 무의식적으로 익혔을 가능성이 높다. 의식이 학습을 했을 경우 무엇을 배웠는지 알고 있는데, 무의식이 학습했을 경우에는 무엇을 배웠는지 알지 못한다는 점이 성적 투사적 동일시의 입장에서 볼 때는 더욱 위험하다. 습득을 통해 내가 하고 있는 성적 투사적 동일시를 나는 전혀 모르고 있는 것이기 때문이다.

다른 종류의 투사적 동일시도 정도가 심해지거나 병리적인 수준으로 커질 경우 치료가 필요한데, 특히 성적 투사적 동일시는 상대방에게 잘못된 메시지를 줘 내 삶과 영혼, 육체를 모두 파괴할 수 있다. 힘 투사적 동일시의 부작용은 과도하게 힘을 남발할 수 있다는 것이고, 의존적 투사적 동일시는 지나치게 의존하게 된다는 것이다. 뒤에 나올 환심사기 투사적 동일시는 지금까지 한 자기의 헌신과 공로에 대한 회의감과 억울함을 감당해야 하는 위험성을 가지고 있다. 반면에, 성적 투사적 동일시는 과도하게 발휘돼 성희롱과 성추행 정도가 아닌 성폭행에 이르게 만들 수 있다는 점에서 파괴적인 위험성을 가지고 있다.

성적 투사적 동일시로 인해 발생하는 성폭행은 피해자는 물론 가해자 또한 원하지 않았던 결과로 귀결될 위험성이 있다. 다른 투사적 동일시와는 다르게 의도한 것 이상으로 파괴적인 질주를 하기 때문이다. 그럼 성적 투사적 동일시를 행한 사람이 원인을 제공한 것 아니냐고 묻는 사람이 있을 수 있다. 이 책을 쓰면서 성적 투사적 동일시에 대해 다루어야 하는지 여부가 고민됐던 사항이었다. 성적 투사적 동일시에 대한 해석이 악용될 경우 피해자의 잘못으로 몰아가거나 가해자에게 면죄부를 주는 수단이 될 수도 있기 때문이다. 만약 성적 투사적 동일시로 인한 성폭행이 피해자의 잘못이 되려면, 피해자가 성폭행을 당하기를 원했는데 스스로 요구할 수 없어서 성적 투사적 동일시를 사용했어야 한다. 이런 억지는 치마를 입었기 때문에 피해자가 됐고, 골목을 지나간 것 자체가 잘못됐다고 말하는 비합리적이고 비논리적인 주장과 다를 바가 없다. 성폭행은 피해자의 잘못이 아닌, 가해자의 죄라는 점은 명백하다는 점을 짚고 넘어갈 필요가 있다. 어떤 억지로도 합리화될 수도 면죄부를 받을 수도 없다.

　매우 불편할 수 있는 사항, 오해로 필자가 비난받을 수도 있는 사항에 대해 이야기할 수밖에 없는 이유는, 성적 투사적 동일시는 어릴 적부터 억압됐거나 왜곡된 경험에서 자라나 커진 것이기 때문에 반드시 고쳐야 하기 때문이다. 성적 투사적 동일시를 행하는 것은 건강한 방법을 제대로 배우고 경험하지 못했기 때문이다. 그로 인해 위험에 노출된 것은 피해자의 피해이지 잘못은 아닌 것이다. 대상관계이론은 관계성을 기반으로 한 심리학 이론인데, 관계성 회복을 위해서도 원리를 제대로 알아야 한다. 어설프게 적용될 경우 악용될 위험성이 있다는 점을 유념해야 한다.

○ 투사적 동일시의 종류⑷ : 환심사기 투사적 동일시

환심사기 투사적 동일시는 자기의 헌신과 공로를 상대방이 인지하게 하는 것이다. 상대가 자기에게 빚진 마음으로 늘 미안해하게 만드는데, 많은 자기희생적 행동을 인정받기를 원하는 사람은 환심사기 투사적 동일시를 행하는 경우가 많다. 자신이 헌신과 공로를 제대로 인정받지 못할 경우 환심을 사기 위해 투사적 동일시가 사용되는 경우이다.

환심사기 투사적 동일시를 행하는 사람은 그들이 하고 있는 많은 자기희생의 행위에 대해 인정받기를 원한다. 그들이 하는 행위를 상대방이 알고 있는지 궁금해 한다. 환심을 사지 못하고 있다고 여기기 때문에 환심사기 투사적 동일시를 하는 것이다. 환심사기 투사적 동일시를 행하는 사람은 "나는 할 만큼 했다.", "나는 최선을 다했는데 내 노력과 성과는 인정받지 못한다."라는 마음을 가지고 있다. 그렇기 때문에 더 이상 내가 할 수 있는 것은 없다는 말을 하기도 한다. 환심사기 투사적 동일시를 사용하는 사람은 우울하고 답답할 수 있는데, 노력해도 환심을 제대로 사지 못했기 때문에 내면에 우울증과 답답함이 쌓여 있을 수도 있다.

사람들은 고마운 마음이나 칭찬하고 싶은 생각이 있어도 말이나 행동으로 표현하지 않는 경우가 많다. 표현하기에 민망하거나 쑥스러울 수도 있고, 익숙하지 않아서 그 자체를 어색하게 생각하기 때문일 수도 있다. 자신감이 넘치는 사람은 상대방이 나에게 칭찬과 인정을 하지 않아도 스스로를 인정하고 칭찬하는데, 자존감이 부족한 사람은 스스로 칭찬하고 인정하지 못하기 때문에 다른 사람의 칭찬과 인정을 너욱 원한다. 의미 있는 타자(상대, 대상)의 칭찬과 인정은 필요한데, 먼저 스스로를 인정하고 칭찬하는 시도를 하고 습관화한다면 환심을 제대로 사지 못해서 받는 상처를 줄일 수 있다.

투사적 동일시는 한 번에 한 가지씩 사용될 수도 있지만, 실제로는 두 가지 이상이 같이 사용될 수도 있다. 의존적 투사적 동일시와 환심사기 투사적 동일시처럼 같은 맥락에서 동시에 발생할 수도 있지만, 힘 투사적 동일시와 의존적 투사적 동일시처럼 정반대의 투사적 동일시가 동시에 혹은 순차적으로 발생할 수도 있다는 것을 영화, 뮤지컬, 연극, 오페라, 드라마 속 투사적 동일시를 통해 확인할 수 있다.

멜라니 클라인의 '투사적 동일시'로
바라본 백설공주와 난쟁이 빅

°PMC프러덕션 기획/제작, 랑 제작, 2017 어른이 뮤지컬 〈난쟁이들〉이 2017년 11월 26일부터 2018년 1월 28일까지 대학로 TOM(티오엠) 1관에서 공연됐다. 송승환 예술감독, 이지현 작/작사, 황미나 작곡, 김동연 연출로 진행된 이번 작품은 초연과 재연에 이어 업그레이드돼 창작 뮤지컬의 힘을 보여주고 있다. 이 작품은 동화 나라의 이야기로 서로 다른 작품에 등장하는 백설공주(최유하, 신의정 분), 신데렐라(전민준 분), 인어공주(유연, 백은혜 분) 등 공주 및 왕자(우찬, 전민준, 박정민 분) 그리고 난쟁이 마을에 사는 난쟁이들의 이야기가 새로운 관계로 재정립, 재편성된 작품이다. 작품의 주요 등장인물들은 의미 있는 타자와의 관계성에 의해 자기 존재를 증명하고 있기 때문에, 대상관계이론(Object Relations Theory)에 의해 살펴볼 경우 더욱 명확하고 재미있게 들여다볼 수 있다.

〈난쟁이들〉의 등장인물들은 대부분 결핍을 가지고 있다. 백설공주와 신데렐라, 인어공주는 각각의 원작에서 가졌던 결핍도 있지만,

난 왜 저항하지 못했나

원작 이후부터 〈난쟁이들〉로 이어지는 과정에서 결핍이 더욱 도드라지게 설정돼 있다. 주인공인 공주였지만 그 명성을 〈난쟁이들〉의 작품 속에서는 유지하지 못하고 있는데, 가만히 있어도 사랑이 찾아오는 것이 아니라 주변을 직접 물색하고 탐색해야 한다는 면이 원작에서의 캐릭터와는 큰 차이라고 볼 수 있다. 공주라는 명예와 자부심이 있기 때문에 대놓고 상대방에게 자신의 매력을 어필할 수도 없고, 그렇다고 가만히 있으려고 하니 예전 원작처럼 사랑이 찾아오는 것도 아니기 때문에 답답하고 자존심이 상할 수 있다.

〈난쟁이들〉에서 백설공주, 신데렐라, 인어공주는 어떤 계기로 인해 한때 잘나갔던 여자들을 대표하는 캐릭터라고 볼 수 있다. 한때 잘나갔다는 것은 과거의 영광된 경험과 기억이 아직 남아 있다는 것이지만 현재의 상황은 그에 미치지 못한다는 것을 뜻한다. 그렇기 때문에 다른 사람에게 영향력을 미치고 싶을 때 직접적으로 말하거나 행동하지 못하고, 자신의 의지이지만 자신의 의지가 아닌 것처럼 하는 간접적인 방법을 선택하게 되는 것이다. 백설공주가 정말 오랜만에 만난 일곱 난쟁이 중 일곱 번째 난쟁이 빅(원종환, 최호중, 강정우 분)에게 호감을 느껴도, 그런 자신의 마음을 스스로 인정하지도 못하고 직접적으로 빅에게 마음을 표현하지도 못하게 되기 때문에 투사와 투사적 동일시를 사용하게 되는 것이다.

빅의 입장에서 볼 때 자신은 일곱 난쟁이 중에서도 막내였고 예전이나 지금이나 백설공주의 마음을 얻겠다는 꿈을 꾸는 것 자체가 힘들었을 것이다. 다시 만난 백설공주에 대해 빅은 의존적/힘/성적/환심사기 투사적 동일시를 모두 사용하고 때로는 두 가지 이상의 투사적 동일시를 동시에 사용하는데, 내면이 스스로 감당할 수 없기에 투사적 동일시를 사용한다는 점을 고려하면 어떻게든 백설공주에게 어필하고 싶은 빅은 모든 종류의 투사적 동일시를 다 사용하고 있다는 것을 알 수 있다. 만약, 빅이 백설공주를 알고 있었던 본인의 지난날에 대해 뿌듯한 경험과 기억을 가지고 있고, 현재의 자신을 당당하게 내세울 수 있는 자신감이 있었다면 자신의 모든 면에 대해 직접적으로 백설공주에게 어필했을 것이다. 내면의 욕망은 간절하지만 그런 내면을 충족해줄 자신감이 현저하게 부족하기 때문에, 빅의 무의식은 투사적 동일시를 사용한 것이라고 볼 수 있다.

○ 〈난쟁이들〉 대학로 뮤지컬임에도 불구하고 남자 관객들도 많은 이유는 무엇일까?

〈난쟁이들〉이 대학로 뮤지컬임에도 불구하고 남자 관객들도 많은 이유는 무엇일까? 물론 이 뮤지컬 역시 여자 관객들이 더 많고, 이런 질문을 해야 하는가에 대한 의문 또한 제기할 수 있다. 작품 소개부터 스스로 "병맛스러움"이라는 표현을 주저 없이 사용할 정도로 자신감을 보여줬는데, 유쾌함과 시원함이 B급 정서 속에서 살아있다는 것을 직접 공연을 관람하면 확인할 수 있었다. 플립북 스타일의 동화책 영상이 돋보인 이번 작품에서는, 기존의 멋있는 주인공이라기보다는 재미있고 공감되는 주인공들을 만날 수 있다. 백설공주, 신데렐라, 인어공주 등 3명의 공주가 주인공이 아니고, 왕자 또한 주인공이 아니다. 난쟁이들이 주인공인 이야기는 어린이들에게 희망을 심어주는 판타지로 작용한다.

동화 나라의 평범한 난쟁이 찰리(윤석현, 조형균, 신주협 분)의 아빠가 사라지며 찰리에게 해 준 "크면 절대 가장은 되지 마라."라는 마지막 말은 웃픈 현실을 반영하고 있고 관객들의 공감을 자아냈다. "절대 엄마처럼 살지 마."가 아닌 "절대 아빠처럼 살지 마."라고 말하는 이야기에 많은 관객들이 공감한다는 것은 남자 관객들을 공연장으로 오게 하는 이유 중의 하나일 것이다. 단순히 교훈적인 이야기로만 채워지지도 않고, 단순히 현실 직시로만 채워지지도 않으며, 막연한 희망으로만 채워지지도 않기 때문에 관객의 선택에 따라 보고 싶은 만큼 볼 수 있고, 느끼고 싶은 만큼 느낄 수 있다는 점은 '난쟁이들'의 중요한 장점 중의 하나이다.

○ 〈난쟁이들〉에서 빅을 향한 백설공주의 투사적 동일시 : 힘 투사적 동일시, 성적 투사적 동일시

〈난쟁이들〉에서 일곱 난쟁이 중 일곱 번째 난쟁이 빅은 죽기 전에 백설공주를 다시 한 번 만나기를 꿈꾼다. 마녀의 힘을 빌려 젊어지고

키가 커져 온 빅이 원래의 상태로 돌아가게 될지를 결정하는 힘이 자기에게 있다는 것을 백설공주는 알고 있다. 두 사람이 만난 초반에 백설공주는 자기가 공주이고 빅은 왕자가 아닌 것에 대해 힘의 우위를 피력한다. 대놓고 무시하는 것이 아니라, 자기가 빅을 이곳에서 내쫓을 수 있다는 것을 은근히 알리는 힘의 투사적 동일시를 사용한다.

성적 투사적 동일시는 백설공주와 빅이 동시에 사용한다. 빅은 자신이 난쟁이지만 힘이 세다는 것을 몸동작을 통해 어필하며, 백설공주는 만났던 왕자가 성적인 면에서 남자구실을 제대로 하지 못했다는 뉘앙스를 전달하며 남자 보는 눈이 달라졌다는 것을 어필한다. 힘 투사적 동일시를 사용할 때 도도한 동작을 취했던 백설공주는, 빅에게 성적 투사적 동일시를 사용할 때는 몸을 살짝씩 배배 꼬거나 상체를 움직여 빅을 성적으로 각성하게 만든다. 특히 두 사람이 같이 무대 뒤로 나갔다 돌아온 후에는 몸의 움직임이 더욱 커졌는데, 빅을 떠나지 못하게 하는 방법으로 계속 성적 투사적 동일시를 사용하고 있는 것이다. 백설공주는 예전 '백설공주와 일곱 난쟁이'시절에 빅이 자기를 봤을 때부터 성적으로 느낌이 있었는지를 물으면서 이야기가 그쪽으로 계속 초점이 맞춰지게 했는데, 다른 작품에서 팜 파탈의 여주인공들의 행동과 비교하면 백설공주가 어떻게 성적 투사적 동일시를 쓰고 있는지 눈으로 확인할 수 있다.

○ 〈난쟁이들〉에서 백설공주를 향한 빅의 투사적 동일시 : 의존적 투사적 동일시, 힘 투사적 동일시, 성적 투사적 동일시, 환심사기 투사적 동일시

빅은 백설공주를 만나기 위해 지금까지 살아왔다는 것을 어필한다. "나는 너 없이는 살 수가 없어."라는 의존적 투사적 동일시는 백설공주뿐만 아니라 '난쟁이들'의 등장인물들에서 공통적으로 발견할 수 있다. 백설공주에 대해 빅은 의존적/힘/성적/환심사기 투사적 동일시를 모두 사용하는데, 두 가지를 동시에 사용하는 경우도 많다는 점이 흥미롭다. 백설공주에게 "널 위해 할 수 있는 게 있어서 행복해."라고 빅은 말하는데, 나만이 널 위해 할 수 있다는 힘 투사적 동일시와 자신의 헌신이 행복하다고 어필하는 환심사기 투사적 동일시를 동시에 사용하고 있는 것이다. 빅은 일곱 난쟁이 중 막내로 유일하게 살아 있는데, 나이가 많다는 점과 난쟁이라는 점을 고려하면 일반적으로 건강한 방법으로는 자신이 백설공주에게 어필할 수 없다는 것을 알기 때문에, 어필할 수 있는 유일한 방법인 투사적 동일시의 모든 종류를 자신도 모르게 사용하고 있는 것으로 보인다.

'난쟁이들'에서 투사적 동일시는 백설공주와 빅뿐만 아니라, 신데렐라와 인어공주, 찰리도 사용하는 방법이다. 이 작품에 등장하는 모든 인물은 결핍을 가지고 있다. 이들은 상대와의 관계에서 모두 치명적인 상처를 가지고 있다. 이들의 결핍은 관계성 속에서 더욱 도드라지기 때문에, 이들이 사용하는 투사적 동일시를 명확하게 확인할 수 있는 것이다.

대상관계이론, 멜라니 클라인의 '투사적 동일시'로 바라본 감동의 이유

°정동극장, CJ문화재단 주최, 2017 정동극장 창작ing 뮤지컬 〈판〉이 2017년 12월 7일부터 31일까지 정동극장에서 공연 중이다. 2015 크리에이티브마인즈 뮤지컬 리딩 제작 지원 선정, 2016 크리에이티브마인즈 우수 레퍼토리 선정, 2017 CJ문화재단 제작지원 기획공연 선정으로, 대학로 CJ아지트에서 리딩 공연과 초연 공연을 거쳐 이번에 정동극장 공연에서는 전통의 맛이 더해져 재공연됐다. 대상관계이론 중 멜라니 클라인(Melanie Klein)의 '투사적 동일시(projective identification)'의 관점에서 바라보면 뮤지컬 속에서 전기수들의 낭독을 듣는 청중들이 왜 크게 감동하는지에 대한 근거를 찾을 수 있다.

○ **경계를 넘나드는 연출, 연결의 디테일이 무척 돋보인 작품**

뮤지컬 〈판〉은 다양한 장르를 접목한 작품이라기보다는 장르를 넘나드는 작품이라는 시야로 볼 때 더욱 잘 와닿는다. 기본적으로 이야기 속 이야기인 극중극의 형태를 취하고 있는데, 인형극도 나오고 관객에게 직접 말을 걸기도 하며 관객들을 보조출연자처럼 공연에 참여하게 만들기도 한다. 배우들은 무대 밖으로 퇴장하기도 하지만 무대 위 의자에 앉아서 대기하다가 등장하는 경우가 많은데, 실내 공연장이 아닌 19세기 말 조선의 야외 공연상에서의 공연처럼 생각할 수도 있다. 1인 다역을 소화한 윤진영은 그냥 사또 분장을 하고 등장하는 것도 아니고, 사또의 탈을 쓰고 나오지도 않는다. 사또의 인형 뒤에 숨어서 사또와 다른 사람을 동시에 표현하고 있는데, 달수(김지철 분)와 호태(김지훈 분)뿐만 아니라 사또 또한 이야기꾼 역할을 하고 있다고 볼 수도 있다.

〈판〉에서 뮤지컬, 국악, 연극(인형극과 실험극을 포함한), 오페라, 탈춤 등 경계를 넘나드는 연출은 제대로 된 배치와 연결의 디테일이 부족할 경우 어색하고 난잡할 수 있다. 많이 봤는데 뭘 봤는지 기억이 나지 않는 작품들이 많기에 장르간 컬래버레이션이 시험적으로 그치는 경우가 많은 것이 현실이라는 점은 〈판〉의 가능성에 더욱 기대를 갖게 만든다.

〈판〉은 경계를 넘나드는 시간과 무대 공간에 있어서 빈시간과 빈공간이 보이지 않고, 연결의 어색함 또한 없으며, 흐름이 끊기지 않았다는 점이 무척 돋보인 작품이다. 여러 가지 다양한 형태의 나열이 아닌, 새롭지 않다고 볼 수도 있은 것들을 묶어서 전혀 새로운 것을 만든 진짜 창작력의 산물이라고 볼 수 있다. 산받이(최영석 분)는 극중 인물들에게 직접 질문을 던지기도 하는데, 어색하게 만들거나 흐름을 끊지 않고 이런 설정을 재미있게 살리고 있다는 점은 실로 놀랍다. 정은영 작가와의 협업이기도 하겠지만, 변정주 연출은 연출력과 창작력을 동시에 발휘했고, 전체적인 조율을 통해 스태프와 배우들, 각자의 역량을 최고조로 끌어올리는데 탁월한 능력을 이번 '판'에서 발휘하고 있다. 대학로 CJ아지트에서 초연을 할 때 변정주 연출은 거의 전 회차를 관람했다고 밝혔는데, 작품에 대한 그의 애정은 재공연을 거치면서 연결과 디테일을 완성해가고 있는 것이다. 〈판〉은 얼핏 보면 경계를 넘나든 줄도 모를 정도로 연결의 디테일이 자연스러우며 수준 높은데, 이런 디테일을 알고 보면 더 감동적일 것이다. 장면 전환에 사용되는 안무와 움직임도 무척 훌륭하다는 점도 연결성을 높여 감정선의 흐름을 끊지 않는 데 일조한다.

○ 시간과 공간을 뛰어넘어 공감을 주는 스토리텔링

"내게 또 한 권의 책이 되겠지."라며 "우리가 사는 모습을 담은 게 소설"이라는 '판'의 이야기는 시간과 공간을 뛰어넘어 현재의 관객들에게 공감을 준다는 면이 주목된다. 권력자가 이야기꾼의 입을 막는다는 공통점은, 정치권력자뿐만 아니라 재벌, 자본도 이에 해당된다는 극중 언급과도 연결된다. 모든 장면에서 6명이 합심해 동시에 다 같이 움직여서 만든 작품이라고 연출은 밝힌 바 있는데, 실제로 관람하면

김지철, 김지훈뿐만 아니라, 윤진영, 최은실(춘섬 역), 유주혜(이덕 역), 임소라(분이 역) 또한 공동 주인공이라는 것을 알 수 있다. 모든 배우가 공연 기간 내내 단독 배역을 맡는 원캐스트로 공연되기 때문에, 장르를 넘나드는 연출 속에서 배우가 그냥 그 인물인 것 같이 보이기도 한다. 김지철의 서정적인 뮤지컬 넘버는 양반 사제의 이미지 속에 품격 있으면서도 감미로운 울림을 전달했다. 김지훈은 회전을 포함한 격렬한 동작의 안무를 하면서 노래를 소화했는데, 연습량이 얼마나 됐을지 짐작하게 만든다.

〈판〉은 음악 또한 다양한데, 대금, 소금, 아쟁 같은 선율악기, 키보드와 퍼커션의 질주와 조화가 돋보인다. 민요적 리듬도 있고, 난타 같은 타악 리듬도 있고, 탱고 음악, 스윙 음악 등 필요한 장면에 맞는 음악을 거침없이 사용했는데, 공연마다 살아있는 맛을 느끼게 하려는 콘셉트에 맞게 음악이 펼쳐진다는 점은 듣는 재미를 높이고 있다.

○ '판'에서 전기수는 책을 단순히 낭독하는 것이 아니라, 자기가 하고 싶은 이야기에 자기의 마음을 투사한다

조선 후기에 직업적으로 책을 읽어주던 낭독가를 전기수라고 한다. 〈판〉에서 전기수는 글을 읽지 못하는 사람을 위해 단순히 대리로 읽어주는 역할만 하는 것이 아니라, 소설을 읽는 것 자체가 공연이 되도록 감정이입해서 소설 속의 연기 또한 펼친다. 사람들의 마음이 움

직인 것은 전기수가 낭독을 통해 이야기의 내용뿐만 아니라 이야기를 낭독하는 자기의 마음을 투사했기 때문이라고 볼 수 있는데, 전기수의 낭독을 듣고 있는 사람들이 크게 감동하는 것은 전기수가 단순히 투사만 하는 것이 아니라 강렬하게 투사적 동일시를 사용하고 있기 때문이다.

춘섬의 매설방(이야기방)에서 전기수의 낭독은 글을 읽지 못하는 사람들만을 대상으로 하지 않는다. 글을 읽을 줄 아는 사람들도 청중으로 참여한다. 일종의 리딩공연이라고 볼 수 있는데, 무대공연이 이뤄지기 전의 리딩공연이 아니라 소설을 읽어주는 리딩공연이기 때문에 현대적 개념과는 다른 면이 있다. 판소리는 북을 치는 고수의 도움을 받기는 하지만 소리꾼(창자) 혼자서 대사와 내용을 모두 소화하는 극한의 예술이다. 〈판〉에서 전기수의 역할을 보면 판소리의 소리꾼 역할과 공통점이 있다는 것을 알 수 있다.

○ 〈판〉에서 달수와 호태는 서로 정반대인 의존적 투사적 동일시와 힘 투사적 동일시를 동시에 교차해서 사용한다

〈판〉에서 양반 출신의 달수는 우연히 본 이덕을 따라가다가, 당시 자기보다 낮은 신분에 있던 호태의 금지된 이야기에 빠지게 되고, 호태에게 '낭독의 기술'을 전수받기를 원한다. 처음에 호태는 "너는 나 없이는 전기수가 될 수 없어."라고 생각하게 만들 정도로 낭독의 기술

을 가진 힘으로 양반집 도련님인 달수를 통제하려 한다. 호태가 달수에게 행한 힘 투사적 동일시에 대해 처음에 달수는 거부하지만, 낭독의 기술을 배우기 위해 따를 수밖에 없게 된다. 낭독의 기술을 배우기 위해 계급의 차이를 넘어 서로 반말을 하기로 결정한 달수는 호태의 모범적인 문하생처럼 행동하고 호태가 자기를 보살피도록 만드는데 이는 의존적 투사적 동일시라고 볼 수 있다.

그런데, 〈판〉의 후반부로 가면서 달수의 낭독 실력이 급등하고, 관가에 잡혀가면서 양반이라는 지위가 무언가 힘을 발휘하게 되는데, 이때부터 달수는 호태에게 힘 투사적 동일시를 쓰고, 호태는 달수의 힘을 빌려 위기를 모면하고자 하며 의존적 투사적 동일시를 사용한다는 점이 주목된다.

○ 전기수의 염정소설을 듣는 청중들은 성적 투사적 동일시에 걸린 것이라고 볼 수 있다

〈판〉에서 남녀 간의 사랑, 즉 애정에 관한 염정소설을 전기수가 읽을 때 뮤지컬 속 청중들은 민망해하거나 거부감을 갖기보다는 오히려 처음부터 대놓고 원했던 것처럼 더욱 강렬하게 반응한다는 내용이 나온다. 호태와 달수를 비롯한 전기수는 염정소설을 읽을 때 말의 뉘앙스, 움직임의 디테일 등을 통해 청중들을 성적으로 확실하게 각성시킨 것이다. 일대일의 상황이 아닌 집단의 일원으로 있기 때문에

청중들이 집단으로 성적 투사적 동일시에 걸리는데 내적으로 저항하지 않았을 수도 있다. 달수는 처음에 호태가 왜 여자들에게 인기가 좋은지 궁금해했는데, 전기수로서의 뛰어난 능력이 멋있기 때문이기도 하지만 호태로부터 성적 투사적 동일시에 걸린 청중들이 호태를 매력적으로 보기 때문일 수도 있다.

○ 〈판〉에서의 환심사기 투사적 동일시, "내가 얼마나 열심히 했는데?"

〈판〉에서 전기수들은 전기수로서의 자부심과 책임감을 가지고 있는데, 그에 못지않게 자기들이 소설을 널리 퍼뜨려 사람들의 마음을 어루만지는 데 얼마나 큰 헌신과 공로를 했는지 인정받기를 원한다. 전기수들이 모였을 때 자기들의 그런 마음을 서로 공유하면서 그에 대해 이야기를 나누기도 한다. 이야기판을 벌일 때 얼마의 돈을 받을 수 있는지에 대해 실랑이를 벌이는 모습을 힘 투사적 동일시의 측면에서 대입할 수도 있지만, 환심사기 투사적 동일시의 측면에서 바라볼 수도 있다. 전기수들은 그들이 얼마나 지속적으로 손해를 보는 희생을 했는지를 어필함으로써 산받이가 미안한 마음을 갖게 만든다. 이제는 제대로 돈을 주지 않으면 판을 벌리지 않겠다는 것은 힘을 사용한 것이라고 볼 수도 있지만, 지금까지의 지속적인 희생에 대한 보상을 원하는 모습이라고 볼 수도 있다.

투사적 동일시는 자기가 의식적으로 행하는 것이 아니라, 자기도 모르게 무의식적으로 행하는 것이다. 행동의 의도를 상대방이 인지하게 될 경우 효과는 약해지는데, 투사적 동일시는 자기도 모르게 상대방을 조정하는 행위이기 때문에 의도 또한 감춰져 더욱 막강한 영향력을 발휘할 수 있다. 〈판〉에서 힘, 의존, 성적 유혹, 환심사기 등을 의도적으로 하기보다는 투사적 동일시를 통해 행했기 때문에 너욱 강력하게 작용했다는 것을 멜라니 클라인의 관점에서 명확하게 확인할 수 있다.

투사와 투사적 동일시를 디테일 있게 표현한 황정민

°셰익스피어 원작, 서재형 연출의 연극 〈리차드 3세〉가 2018년 2월 6일부터 3월 4일까지 예술의전당 CJ 토월극장에서 공연됐다. CJ E&M, 샘컴퍼니 주최, 샘컴퍼니 제작으로 진행되는 이번 공연은, 리차드 3세 역의 황정민이 10년 만에 연극 무대로 귀환한 작품으로 주목받았다. 연극을 직접 보면 황정민은 그냥 리차드 3세 같기도 하고, 리차드 3세가 환생한 것 같기도 하고, 황정민 내부에 리차드 3세와 같은 울분과 악랄함이 들어있는 것 같이 느껴지기도 했다.

리차드 3세가 희대의 악인인가, 비운의 희생양인가, 역사상 가장 매력적인 악인이라고 평해도 되는가에 대한 의견은 관객에 따라 다를 수 있다. 대상관계이론을 〈리차드 3세〉에 적용하는 것은 다른 작품들과 마찬가지로 캐릭터의 분석을 위해서인데, 연극 속 리차드 3세의 모습을 보면 단순한 캐릭터 분석에 머물지 않고 병리적 관점에서 볼 수도 있다. 황정민의 연기력은 특별히 언급할 필요가 없이 훌륭하기 때문에 황정민이 출연하면 믿고 볼 수 있는데, 〈리차드 3세〉에서 투사와 투사적 동일시를 디테일하게 표현하는 것을 보면 정말 위대한 아티스트라고 감탄하게 된다.

○ 다 가진 듯해도 결핍이 있는 인물! 매력적인 악인에 대해 공감할 것인가? 아니면 악인은 악인일 뿐인가?

〈리차드 3세〉에서 리차드 3세는 다 가진 듯해도 결핍이 있는 인물이다. 연극은 황정민과 직접 대화를 하는 느낌을 주는데, 황정민의 이동에 따라 뒷면 영상의 시야와 방향이 이동해 외적인 입체감을 주면서 인물 내면 또한 입체적이라는 것을 암시한다. 무대 장치가 많지는 않은데, 화려한 무대의 변화 없이도 광기의 황정민을 비롯한 연기파 배우들의 연기로 무대를 채운다는 것을 알 수 있다. 1인 다역을 소화하는 배우들이 많은데 원작의 내용을 모른 채 깨끗한 마음으로 공연을 관람한 관객은 캐릭터가 혼동될 수도 있는데, 그렇다고 해서 전체적인 이야기를 이해하는 데 큰 제약이 되지는 않는다.

공연을 보면서 관객은 다 가진 듯해도 결핍이 있는 인물에 공감해야 할지에 대해 반복해서 고민할 수도 있다. 매력적인 악인은 측은지심을 불러일으키기도 하고, 악인은 악인이라는 생각을 하게 만들기도 하는데, 황정민은 그런 관객들의 마음을 처음부터 끝까지 끌고 간다.

○ 계속 생각하게 만드는, 셰익스피어가 던진 화두

노란색 조명, 무대 가운데 빨간색 의자로 시작한 연극은 "태양이 어둠으로 바뀌는 날, 무엇이 있었는지 그대는 아는가?"라는 질문을 통해 호기심을 유발하면서, 극 전체의 분위기를 알려준다. 배우가, 극 중에서 배우처럼 연기를 하겠다는 설정은 흥미로운데, 이 또한 황정민의 뛰어난 연기력으로 인해 그의 시야로 관객이 몰입하게 된다. "세상에 혼자 남은 자의 불안함을 이용한 이간질", "논쟁을 통해 근심을 마음에 심는다."등의 화두는 공연 내내 많은 생각을 하게 만든다. 스스로 저주받았다고 생각하는 피해망상과 억울함은 등장인물뿐만 아니라 관객도 공감할 수 있는데, 구어체가 아닌 문어체를 사용해 관객이 너무 직접적으로 몰입해서 상처받지는 않게 한다는 점이 눈에 띈다.

○ 연극배우로서의 황정민

연극이 영화로 가기 위한 과정의 역할만 하는 장르가 아닌, 진정한 연기를 펼칠 수 있고 무대에서 관객과 직접적으로 호흡하고 상호작용할 수 있는 시간이라는 것을 '리차드 3세'에서 황정민은 보여주고 있다. 결국 돌아갈 마음의 고향 같은 특징도 가지고 있다는 것을 느끼게 한다. 배우들의 연기에 대한 갈증은 연극 무대 자체에 대한 그리움과 욕구로 이어지는데, 뮤지컬 전문배우로 알려진 배우들도 노래를 부르지 않는 연극 무대에 서고 싶어 하며 실제로 그렇게 해서 만들어진 공연이 최근에 늘어난다는 것 또한 일맥상통한다. 노래를 무척 잘 부르는 뮤지컬 배우 중에도 연기와 노래를 선택해야 하는 장면이 있을 때, 그 장면에서 연기를 살리기 위해서 노래가 덜 멋지게 나오는 것을 선택한다는 인터뷰 기사도 있다는 것이 떠오른다.

황정민의 개인적인 꿈과 욕구에 의해 무대에 서게 됐을 것인데, 그 꿈과 바람이 긍정적인 영향을 미친다는 것에 주목할 필요가 있다. 더블 캐스팅, 트리플 캐스팅의 장점이 물론 있지만, 원톱 단독을 하겠다는 것은 올인하겠다는 것을 뜻하는데 황정민이 연극과 이번 작품에 얼마나 애정이 깊은지, 집중하는 능력이 뛰어난지 알게 한다. 황정민의 이런 모습을 보면 연기가 아닌 다른 것을 했어도 잘 했을 것이라고 생각되는데, 그렇기 때문에 다양한 사람의 삶을 대신 사는 배우의 역할, 배우의 연기를 더 잘 하게 되는 것이라고 느껴진다.

○ **투사와 투사적 동일시를 모두 사용한 황정민**

〈리차드 3세〉에서 황정민은 자기의 분노와 적개심을 다른 사람에게 투사해 그 사람이 황정민에게 분노와 적개심을 가진 것으로 전가하는데, 그냥 전가해 마음의 안전을 얻는 데 그치지 않고, 적극적으로 다른 사람이 황정민에게 분노와 적개심을 가지도록 만드는 투사적 동일시를 사용한다. 리차드 3세는 자기의 콤플렉스를 삐뚤어진 세상에 투사한다. 투사의 상대방이 개인이 아닌 사회라고 볼 수도 있지만, 특정 개인이 아는 불특정 다수의 대상에 대해 자기의 콤플렉스를 동시에 투사하고 있다고 보는 것이 더 타당하다.

전쟁에서 승리하는 데 큰 일조를 한 영웅이지만 전쟁이 끝난 직후 자기의 존재감이 사라지는 것에 대해 견딜 수 없는 리차드 3세는 답답한 내적 억울함을 외부로 전가하는데, 때로는 투사만 사용하기도 하고 때로는 적극적인 투사인 투사적 동일시를 사용하기도 한다.

○ **힘 투사적 동일시와 의존적 투사적 동일시를 동시에 그리고 교차적으로 사용하는 황정민**

〈리차드 3세〉에서 리차드 3세는 왕가의 혈통이라는 자신감과 곱사등이라는 콤플렉스를 가지고 있다. 자기의 힘에 다른 사람들이 굴복할 것이라고 생각하기도 하지만, 다른 사람의 도움이나 다른 사람을 이용하지 않고는 자기가 권위를 찾을 수 없다고 생각하기도 한다. 리차드 3세가 가장 많이 사용하는 것은 힘 투사적 동일시이다. 온갖 악행을 실행하는 심복 버킹엄(김도현 분), 권력 암투를 증폭하는 리버스(임기홍 분), 자기와 결혼하기를 원하는 앤(박지연 분)에게 하는 대화와 행동은 기본적으로 힘의 굴복을 전제로 하고 있다.

힘을 있는 그대로 발휘해 상대를 굴복하게 만드는 게 아니라 내가 너를 진압하거나 키워줄 수도 사랑해줄 수도 있다는 것을 은연중에 어필해 상대를 움직이게 만드는 힘 투사적 동일시를 사용하는 것인데, 황정민은 이 두 가지의 차이를 디테일한 연기력으로 표현한다. 그냥 봐도 내면 연기를 참 잘한다고 느낄 수 있는데, 힘 투사적 동일시에 대한 표현력이 탁월하다는 점은 더욱 돋보인다.

리차드 3세는 힘만 발휘하는 게 아니라 힘 투사적 동일시를 사용하는 대상에게 전혀 반대의 투사적 동일시인 의존적 투사적 동일시를 사용한다. 버킹엄이나 리버스 등 자기를 따르는 인물이 없을 때 자기는 아무것도 아니라는 것을 꾸준히 어필하며, 앤에게도 너만이 나를 완전하게 만들 수 있는 인물이라는 것을 직접 어필하기보다는 의존적 투사적 동일시의 방법으로 전달한다. 힘 투사적 동일시와 의존적 투사적 동일시를 같이 사용하는 리차드 3세는 입체적인 인물일 수밖에 없는데, 황정민은 이 두 가지 상반된 모습과 내면을 정말 리얼하게 표현한다. 그것도 표면적인 표현이 아닌 투사적 동일시를 잘 살려 표현하기 때문에, 관객은 황정민이 연기를 무척 잘한다는 공감대를 가지고 있으면서도 각각 세부적인 면은 다르게 느낄 수 있다.

○ 성적 콤플렉스를 성적 투사적 동일시로 사용하고, 자기의 속내를 숨기기 위해 환심사기 투사적 동일시를 전반적으로 사용한다

〈리차드 3세〉에서 리차드 3세는 외모에 대한 콤플렉스를 가지고

있지만, 자기가 앤을 만족시켜 줄 수 있다는 것을 어필하고 싶은데 그 방법으로 권력과 성적 능력이 대두된다. 연극을 보면 관객은 리차드 3세가 어쩌면 성적인 능력은 뛰어날 수도 있다고 생각할 수 있는데, 어쩌면 앤에게 감정이입한 관객이 성적 투사적 동일시에 일정 부분 걸린 것이라고 볼 수도 있다. 리차드 3세는 맏형이자 요크 왕가의 황제인 에드워드 4세(정웅인 분), 둘째 형 조지(이갑선 분)에게 꾸준히 자기가 얼마나 정성을 들였는지를 환심사기 투사적 동일시를 통해 은연중에 전달한다.

"말 곱게 합시다. 진심 앞에. 장모님!"이라는 표현 또한 환심사기 투사적 동일시를 행한 사람이 자기의 의지대로 되지 않았을 때 하는 대표적인 표현이다. 내가 얼마나 정성을 다했는데 너는 그걸 모르냐는 식으로 억울함과 답답함을 표현할 때 황정민은 감정을 억제하면서도 억제하지 못하는 것처럼 나타냈는데, 환심사기 투사적 동일시의 본질을 꿰뚫은 연기라고 볼 수 있고 알면서 보면 더욱 감탄하게 된다.

난 왜 저항하지 못했나

힘,
의존적 투사적 동일시의 동시 사용,
대상자는 굴복할 수도,
거절할 수도 없다

°김영석 감독의 〈봉봉(BonBon)〉
은 2018 한국예술종합학교 영상원 영화과 졸업영화제 상영작인 단편영
화이다. 대학원생 영남(박재랑 분)은 지도교수에게 앙심을 품은 여정(박
소연 분)의 강권에 못 이겨 교수(송철호 분)에게 전해 줄 불순물 음료수
를 마지못해 건네받는데, 연구실로 돌아가던 영남은 우연히 교수와 맞
닥뜨리고 만다. 어떤 한 쪽 편에 들 수도 없고 그렇다고 두 사람을 조율
하고 포용할 수 있는 위치에 있지도 않은 약자인 사람이, 양쪽으로부터
받는 압력 앞에서 곤란해하는 모습을 영화는 담고 있는데, 영화를 보면
서 관객은 자신의 과거 경험을 오버랩해 감정이입할 수 있다.

힘 투사적 동일시와 의존적 투사적 동일시는 상반되는 성격을 가지
고 있다. A라는 사람이 B라는 사람에게 힘 투사적 동일시를 사용한
다면, B는 A에게 의존적 투사적 동일시를 사용하는 것이 일반적이
다. 그런데, A가 이중적이고 복합적인 내면을 가진 사람이라면, 혹은

어떤 상황에서 그렇게 할 수밖에 없는 상황에 놓여 있다면, B에게 힘 투사적 동일시와 의존적 투사적 동일시를 동시에 쓸 수도 있다. 협박하면서도 달래고 어르는 것을 의식의 차원에서 직접적으로 하는 게 아니라, 무의식의 차원에서 행한다면 그것이 힘 투사적 동일시와 의존적 투사적 동일시의 동시 사용인 것이다.

투사적 동일시의 대상이 되는 사람은 자신의 의지와는 상관없이 자신이 무언가를 결정하고 행동하게 되는 찜찜함과 답답함, 어색함의 괴리를 느낄 수 있는데, 같은 사람으로부터 힘 투사적 동일시와 의존적 투사적 동일시에 걸릴 경우 자신의 마음과 행동이 왔다갔다 하기 때문에 스스로를 줏대 없고 변덕스러운 사람으로 폄하할 수도 있다. 만약 힘과 의존적 투사적 동일시에 동시에 걸린 것이 아니라, 상대방이 직접적으로 어르고 달래는 행동을 했다면 그것에 굴복돼 선택하고 행동했던 상황에 어쩔 수 없었다고 항변하고 변명할 수는 있겠지만, 그런 선택을 한 자신을 스스로 질책하는 면이 커지지는 않을 수 있다.

<봉봉>에서 영남처럼 약자인 상황에서 힘 투사적 동일시와 의존적 투사적 동일시를 동시에 받고 있고, 그것도 한 사람이 아닌 서로 대립되는 의견을 가지고 자신에게 선택을 강요하는 두 사람에게 받고 있다면 어떻게 할 수 없는 자신이 더욱 무기력해질 수 있다. 하나의 사건에 대해 두 사람으로부터 두 개의 힘 투사적 동일시와 두 개의 의존적 투사적 동일시를 받을 때, 투사적 동일시의 개념을 알고 있지

난 왜 저항하지 못했나

않은 사람은 심한 내적 갈등과 무기력함, 자괴심이 생길 수도 있다.

○ **나보러 어쩌라고? 관객은 자기의 과거 경험을 오버랩 해 바라볼 수 있다**

〈봉봉〉에서 한 사람은 지도교수이고, 한 사람은 나이가 많은 누나인데 둘 다 나에게 서로 때문에 힘들다며 곤란한 일을 부탁한다. 영화적으로 만든 특별한 설정이라고 생각할 수도 있지만, 실제로 이런 일은 많이 존재한다.

두 교수가 자기 학파를 부각하고 다른 학파를 폄하하기 위해 모두 나에게 상대 학파를 비난하는 행동을 하게 할 때, 회사에서 서로 다른 부서의 상관이 나에게 각자 자신들의 부서 입장을 대변해 달라고 부탁할 때, 엄마와 아빠가 싸우고 나서 나에게 각자의 입장을 주입시킬 때, 동창회, 동호회, 학교 등의 모임에서 자신들의 편이 되라고 할 때, 선거를 앞두고 있는 후보자 두 명이 각각 나에게 자신을 공개적으로 지지하고 상대의 약점을 폭로해달라고 강요할 때를 떠올리면 영남이 남 이야기가 아니라고 여겨질 수 있다.

○ **영남에게 힘 투사적 동일시와 의존적 투사적 동일시를 각각 모두 사용한 여정과 교수**

〈봉봉〉에서 여정은 영남에게 서로 반대되는 성격을 가진 힘 투사적 동일시와 의존적 투사적 동일시를 동시에 사용한다. 대학원 선배 누나라는 힘, 물리적인 힘을 이용해 불순물 음료수를 교수에게 전달하라고 강요하면서도, 너 아니면 도와줄 사람이 없다고 요청하는 양면 전략을 동시에 사용한다. "나는 너 없이는 살 수가 없어."라고 의존하는 마음을 상대에게 전가하는 의존적 투사적 동일시와 "너는 나 없이는 살 수가 없어."라는 힘의 메시지를 통해 상대방을 자신의 통제하에 두려고 하는 힘 투사적 동일시를 연이어 번갈아 사용하기 때문에, 영남은 거절할 수도 저항할 수도 없는 진퇴양난에 빠지는 것이다.

교수 또한 영남에게 힘 투사적 동일시와 의존적 투사적 동일시를 사용한다. 영남이 없으면 연구실이 돌아가지 않는다며 나중에 교수가 될 수 있게 해주겠다고 하면서도, 수틀리면 이전처럼 석사 논문을 바로 찢어버릴 수 있다는 것을 은연중에 어필한다. 교수는 의존적 투사적 동일시를 사용할 때 환심사기 투사적 동일시도 같이 사용한다는 점 또한 눈에 띄는데, 여정의 말만 들으면 무자비할 것만 같았던 교수는 영남에게 존댓말을 하고, 그동안 자기가 영남에게 잘했던 것을 어필해 환심과 동정을 사려고 한다.

〈봉봉〉이 단편영화가 아니라 더 긴 이야기였다면 투사적 동일시가 일어날 수밖에 없었던 영남과 여정, 영남과 교수, 여정과 교수, 그리고 세 사람 간의 관계성의 전사와 후사가 뒷받침됐을 수도 있다. 〈봉봉〉에서 반전을 주는 아이디어는 관객들의 폭소를 불러일으킬 수 있

난 왜 저항하지 못했나

다. 이어진 두 개의 큰 반전 이후에 작은 반전이 또 이어지는데, 갈등을 해소하면서 모든 긴장을 한 번에 없애지 않고 다시 작은 긴장감을 주는 설정을 한다. 마지막의 작은 반전이 주는 시각적 여운이 더 크게 기억될 수도 있다.

나만 불행하고 세상은 다 행복하다는 느낌

°김중현 감독의 〈이월(January)〉
은 제43회 서울독립영화제(서울독립영화제2017, SIFF2017) 본선경쟁
부문의 장편 영화이다. 영화는 존재감과 자존감이 약한 주인공이 겪
는 심리적 갈등과 고민을 바라본다. 제3자의 입장에서 봤을 때는 충
분히 자신감을 가질 수 있는 면이 있음에도 불구하고, 다른 사람들이
그렇게 보도록 만든다는 점이 안타깝게 생각된다.

〈이월〉에서 민경(조민경 분)은 스스로 불행하다고 여기는데, 본인
보다 더 불행할 것으로 생각했던 사람의 행복한 모습을 보고 자신의
불행을 더 크게 느낀다. 그래도 내 주변의 어떤 누구보다는 내가 낫다
고 생각해왔지만 그렇지 않다는 것을 인지하게 되는 순간, 자신을 더
욱 더 비련의 여주인공으로 만들려고 하는 것이다. 그렇다고 자신이
삐뚤어진 마음을 가지고 있다고 인정하는 것을 감당할 수 없기에, 자
신의 그런 마음을 다른 사람에게 투사하고 그 사람이 그렇게 받아들
일 수 있게 하는 것이다. 자신보다 잘 살고 있는 주변 사람을 자신이

미워하는 것인데, 그런 주변 사람들이 자신을 미워한다고 투사하면서, 그들이 미워할 만한 행동을 일부러 골라 하는 투사적 동일시를 행하는 것이다.

두사와 투사적 동일시의 개념에 대해 모를 경우, 민경을 호되게 질책하거나 비난해 다시는 그렇게 하지 않게 하는 것이 민경을 도와주는 것이라고 확신할 수도 있을 것이다. 실제로 많은 사람이 그렇게 대응한다. 민경이 사용하는 투사와 투사적 동일시가 바람직한 것은 아니지만, 민경의 무의식적 내면은 생존을 위해 최선을 다하고 있다는 것 또한 알고 민경과 민경의 행동을 바라봐야 한다. 지금의 민경에게는 투사와 투사적 동일시 이외의 방법이 딱히 없기 때문에 사용하는 것이지, 정말 좋아서 그런 선택을 한 것은 아니라는 점을 반드시 염두에 두어야 한다. 우리 주변의 많은 민경을 대할 때도 그렇게 할 필요가 있고, 내 안의 민경을 내가 바라볼 때도 그렇게 할 필요가 있다.

○ 나도 할 만큼은 노력하는데, 나만 불행하고 세상은 다 행복하다는 느낌

〈이월〉에서 도둑 강의를 들으며 공무원 시험을 준비하는 민경은 무작정 집을 나왔지만 갈 곳이 없다. 한때 룸메이트였던 친구 여진(김성령 분)을 찾아갔는데, 우울증으로 여러 번 자살을 시도했던 여진은 밝은 표정으로 행복하게 지낸다. 최소한 자신보다는 불행할 것이라고 생각했던 여진의 행복한 모습을 민경은 받아들일 수가 없다. 나만 불

행하고 세상은 다 행복하다는 느낌이 든다. 세상 속에서의 좌절은 자신에 대한 미움으로 이어지고, 그 좌절과 미움의 원인을 자기 자신에게 찾기에 너무 괴롭기 때문에 다시 세상 탓으로 돌린다. 한때 가장 친한 친구였고 지금도 자신에게 친절하게 대하는 여진에게 민경은 너그럽지 못하다. 여진에게 관심을 보이는 영빈(박영빈 분)에게 여진의 숨기고 싶은 과거를 알려주며, 여진을 위하는 척하면서 은근슬쩍 공격한다.

○ 대상관계이론 멜라니 클라인의 투사적 동일시의 관점에서 바라본 민경

정신분석이론에서 '투사(projection)'는 자기 자신이 감당할 수 없는 욕망이나 동기 등 개인적 성향인 태도나 특성을 다른 사람에게 무의식적으로 원인을 돌리는 것을 뜻한다. 투사는 주로 죄의식, 열등감, 공격성, 수치심 등과 같은 심리를 자신이 아닌 외부로 옮겨, 자신의 심리적 경험이나 상상이 현실처럼 지각되도록 만든다. 대상관계이론 학자 중 멜라니 클라인(Melanie Klein)은 자신이 투사한 대상이 투사한 그대로가 되도록 만든다는 '투사적 동일시'의 개념을 제시했다. 투사의 복잡하면서도 극단적인 형태라고 볼 수 있는데, 투사가 단순한 회피라면 투사적 동일시는 회피 후 통제라고 볼 수 있다.

<이월>에서 민경은 자신의 삐뚤어진 마음을 다른 사람에게 투사한 후 그 사람이 그렇게 볼 수 있게 그런 행동을 한다. 여진과 영빈이

난 왜 저항하지 못했나

자신을 미워한다고 생각하면서, 그들이 미워할 만한 행동을 일부러 골라서 한다. 관계를 치른 후 진규(이주원 분)에게 받는 돈은 용돈 같기도 하고 화대 같기도 하다. 세상이 자신을 미워한다고 생각하는 민경에게 진규는 정들었으니 같이 살자고 하면서 아버지 합의금, 영치금을 모두 해결해줄 대니 하고 싶은 공부만 열심히 하라고 하지만 그렇게 되면 세상이 자신만을 미워한다는 마음을 더 이상 가질 수 없다. 그렇기 때문에 진규의 아들 성훈(박시완 분)이 민경이 엄마이길 바라며 다가오지만 민경은 도망친다. 세상의 끝에 몰린 것 같이 보이는 민경에게, 여진, 영빈, 진규는 크고 작은 손을 내밀었지만 자신이 불행해야 한다고 생각해서인지 민경은 모두 밀어낸다.

〈이월〉은 미움받는 사람, 버림받는 사람이 왜 그렇게 되는지 행동과 내면을 통해 보여준다. 조민경은 영화 속 민경이 딱 자기 자신인 것처럼 몰입된 연기를 펼치는데, 투사적 동일시의 모습을 더욱 안타깝게 느끼도록 만든다. 영화는 자신이 견딜 수 없는 수준의 고통을 투사하는 데 그치지 않고, 상대방도 내가 투사한 것처럼 느끼고 행동하게 만드는 투사적 동일시가 얼마나 자신을 회복할 기회를 말살하는지 보여준다. 민경이 근거 없는 자신감을 가지고 있었으면 이야기는 180도 달라졌을 수 있다. 때로는 명확한 현실 직시보다 비합리적인 긍정성이 필요하다는 것을 생각하게 만든다.

마농에게 힘 투사적 동일시,
환심사기 투사적 동일시를 동시에
사용하는 기요

°국립오페라단 〈마농(Manon)〉이 2018년 4월 5일부터 8일까지 예술의전당 오페라극장에서 초연으로 공연됐다. 아베 프레보의 소설 〈기사 데 그리외와 마농 레스코의 이야기〉를 원작으로 앙리 메이야크와 필리프 질의 협작으로 대본이 만들어졌고, 쥘 마스네가 작곡한 오페라이다. 국립오페라단의 2018년 첫 작품이자, 윤호근 신임 예술감독 취임 후 첫 작품이자, 창단 이래 국립오페라단에서 초연되는 작품이라는 의미를 지니는데, 뱅상 부사르 연출, 세바스티앙 랑 레싱 지휘로 코리안심포니오케스트라, 그란데 오페라합창단이 함께 했다.

〈마농〉에서 금사빠(금세 사랑에 빠지는 사람을 뜻함) 마농(소프라노 크리스티나 파사로이우, 손지혜 분)의 캐릭터의 개연성에 대한 의문을 제기할 수 있는데, 마농의 기질과 내면을 이해하면 마농의 마음과 행동이 왜 그런 선택을 하는지 알 수 있다. 심리학 중 관계성에 중심을 둔 대상관계이론(Object Relations Theory)을 〈마농〉에 적용해

난 왜 저항하지 못했나

마농과 데 그리외 기사(테너 이즈마엘 요르디, 국윤종 분)(이하 데 그리외)의 내면을 살펴볼 수 있는데, 그들의 주변 인물인 기요(테너 노경범 분)와 레스코(바리톤 공병우 분)는 멜라니 클라인(Melanie Klein)의 '투사적 동일시(projective identification)'의 개념을 통해 알아볼 수 있다.

○ 연극적인 움직임, 프랑스 오페라가 주는 신선함

〈마농〉은 연극적 요소가 많은 프랑스 코미디 오페라라고 볼 수 있다. 음악과 극이 공생하고, 캐릭터의 감정은 아리아와 표정 연기를 통한 내면 표현으로 표출되기도 하지만 음악으로 캐릭터의 감정이 표현되고 움직임으로도 감정이 표현된다. 〈마농〉은 행진곡풍의 밝고 경쾌한 서곡으로 시작한다. 서곡을 들으면 가벼운 스텝의 업바운스 춤이 연상되는데, 제1막 처음 도입부터 상당히 연극적인 움직임과 연결해 받아들일 수 있다. 빗줄기가 흐르는 영상이 서정성을 만들 것 같지만 소동극 같은 어수선함이 있고, 무언가 혹 지나가서 입체적 영상에 놀란 것인가 하고 보면 공연장에 새가 날아다닌다. 사람들은 남 구경하는 것을 좋아한다고 식당 주인은 말하는데, 남 구경하는 무대 위 사람을 또다시 구경하는 관객 또한 따라서 역동적이 된다. 지휘자의 열정적인 지휘는 그런 분위기를 고조한다.

○ 〈마농〉의 초반 정서를 잡는 인물은 레스코

〈마농〉에서 마농의 사촌 오빠 레스코는 공연 초반의 정서를 잡는 인물이다. 작품과 캐릭터에 대한 해석력이 뛰어난 바리톤 공병우는 레스코에 단독 캐스팅됐는데, 두 주인공을 제외한 단독 캐스팅 배역 중에는 가장 분량이 많은 역할이다. 제1막이 끝날 때쯤 되어야 마농 과 데 그리외의 정서가 무대 위에 부각되는데, 그전까지 초반 정서는 레스코가 만든다. 공병우는 마농은 삶과 자기 자신에게 중독된 인물 이고, 데 그리외는 사랑에 중독된 인물이고, 아버지 데 그리외 백작 (베이스 김철준 분)은 가족에 중독된 인물이라고 밝힌 바 있는데, 다 른 인물들의 중독된 정서가 수면 위로 표출되기 전에 공병우는 소동 극처럼 시작된 초반에 관객이 몰입할 수 있게 만든다. 공병우는 진지 하면서도 허당기가 있는 레스코를 거침없이 표현하는데, 분위기 있게 상의와 모자를 벗어서 걸치려고 하지만 바닥에 떨어지기도 하고, 데 그리외에게 위협을 가하려고 하는 펜싱 동작에서도 어김없이 웃음을 준다, 실력과 성악가의 이런 유머는 몰입한 관객들에게 더욱 재미를 선사한다.

제2막 파리에 있는 마농과 데 그리외의 아파트는 공간을 확 축소시 킨 느낌을 주는데, 압축된 공간은 마음의 공간, 선택의 공간도 그리 많지 않다는 것을 표현하는 것으로 느껴진다. 제3막 제2장 생 쉘피스 수도원의 위엄과 위압감이 동시에 느껴지는 무대는 인상적인데, 무대 를 회전할 때 자동으로 하지 않고 사람이 밀어서 수동으로 회전하는 것은 어쩌면 마농이 데 그리외의 마음을 돌리는 것도 자동으로 되지 않고 직접적인 노력이 필요하다는 것을 상징적으로 표현한 것일 수도 있다.

○ 〈마농 레스코〉보다 매력적인, 〈마농〉의 마농 캐릭터

푸치니의 오페라 〈마농 레스코〉의 마농보다 마스네의 오페라 〈마농〉의 마농이 훨씬 더 매력적이고 캐릭터가 확실하다는 것은 감정이입해 관람하는 관객에게 편안함을 선사한다. 〈마농 레스코〉의 마농은 가난한 귀족 청년 데 그리외에게 충실하지 않고 늙은 부호 제론트 또한 존중하지 않는다. 두 사람에게 모두 어정쩡한 태도를 취한다. 반면에 〈마농〉의 마농은 분명한 태도를 취하는데, 더 적극적인 여성상이라고 볼 수 있다. 여행이 난생 처음이었던 마농에게는 두려움도 있지만 환상, 상상, 욕망이 있는데 내면을 표현하는 독창의 아리아에서 그런 면이 도드라지게 나타난다. "이게 바로 저 마농의 이야기이죠." 라는 표현은 아무것도 아닐 수도 있는 열여섯 살의 소녀가 주인공이 되도록 스스로 만든다는 것을 보여준다는 점이 주목된다.

목소리가 갇혀 있지 않은 크리스티나 파사로이우는 시원시원하게 노래를 불렀다. 누워서도 노래를 부르고 얼굴을 바닥에 붙이고도 아리아를 수준급으로 소화하는 성악가의 모습에 감탄하게 됐는데, 이즈마엘 요르디와의 이중창 및 연기의 케미도 훌륭했다. "이것이 마농 레스코의 이야기"라며 죽음 앞에서도 주인공이 되고 싶었던 마농을 표현할 때 손지혜는 공연 초반 어깨를 움츠린 채로 낯설고 어색함을 표현하면서도, 아리아는 자신감 있게 불렀다. 마농 내면의 양면적 성격을 잘 표현했는데, 성악적인 능력도 훌륭하지만 디테일한 움직임을 표현한 연기력이 뒷받침됐기 때문에 손지혜는 손지혜가 그냥 마농인 것처럼 느끼게 만들었다.

○ 서로 다른 매력의 데 그리외를 보여준 테너 이즈마엘 요르디와 국윤종

"당신을 처음 봤는데, 내 가슴이 당신을 알아보네요."라고 마농을 보며 노래 부를 때 데 그리외 기사 역 이즈마엘 요르디는 부드럽고 감미로웠다. 다정한 말투로 부드러운 대화를 하는 모습은 그냥 20대의 번듯한 우리나라 사람 같은 느낌도 들게 했다. 이즈마엘 요르디는 수줍음과 용기를 동시에 표현해, 바람둥이가 아닌 나에게만 용기 냈다고 느끼게 만든다는 점이 눈에 띄었다. 리릭 레제로 테너, 리릭 테너, 리릭 스핀토 테너의 세 가지 역할을 모두 소화해 캐릭터의 변화를 알려주는데, 한 명의 테너가 같은 작품에서 이런 변화를 소화한다는 것은 결코 쉽지 않은데, 이즈마엘 요르디와 국윤종은 정말 멋지게 소화하고 있다.

국윤종은 오페라에 어울리는 굵은 무게감을 가지고 있는데, 굵지만 맑은 목소리의 테너이다. 이즈마엘 요르디와는 다른 해석을 하고 있다고 볼 수도 있는데, 각각 모두 매력적이라는 점은 긍정적이다. 국윤종은 데 그리외가 신부가 됐을 때 수도원에서 독창을 부르는데 소름 끼칠 정도로 감동적인 시간을 만든다.

크리스티나 파사로이우와 이즈마엘 요르디가 A팀, 손지혜와 국윤종이 B팀을 이뤄 각각 두 번씩 일반 공연 무대에 오르는데, 크리스티나 파사로이우와 국윤종, 이즈마엘 요르디와 손지혜가 팀을 이룬다면 새로운 느낌이 들지 않을까 상상해본다.

○ **마농에게 어필하기 위해 힘 투사적 동일시와 환심사기 투사적 동일시를 동시에 사용하는 기요**

〈마농〉에서 기요는 마농에게 자신을 어필하고 싶어 한다. 대놓고 마농에게 어필하지 못하는 기요는 은근히 자신을 어필하는 방법으로 투사적 동일시를 사용하는데, 힘 투사적 동일시와 환심사기 투사적 동일시를 같이 사용한다는 점이 주목된다. 하나의 투사적 동일시를 사용할 때보다 두 가지 이상을 동시에 사용할 때 더욱 복잡하고 치명적인 투사적 동일시가 될 수 있는데, 직접적으로 매력을 어필하지 못하는 기요가 사용하는 힘과 환심사기 투사적 동일시는 모두 돈으로만 이뤄지기 때문에 마농에게는 큰 영향력을 발휘하지 못한다.

기요는 자신에게 잘 보이는 사람에게는 다 해줄 수 있다는 뉘앙스를 전달하고, 마농을 위해 불러 와 공연을 보여준다. 기요는 나는 이 정도로 정성을 다하고 있으며, 이 정도 능력이 충분히 있다는 것을 마농에게 어필하고 있는데, 마농의 내면이 원하는 방법으로 투사적 동일시가 이뤄지지 않았기에 두 가지 투사적 동일시가 사용됐음에도 불구하고 큰 효능을 발휘하지 못한 것이다.

○ 돈으로 힘 투사적 동일시를 사용하는 또 다른 인물은 레스코

〈마농〉에는 기요 외에도 자신이 가진 돈을 어필하는 사람이 있는데 마농의 사촌 오빠인 레스코이다. 레스코는 돈으로 마농에게 어필하지는 않는다는 차이점을 가지고 있다. 쇼핑에 관련된 노래를 부를 때 레스코는 "고를 필요가 뭐가 있냐, 다 사면 되지."라고 한다. 오페라를 사고 치는 소프라노와 테너, 그리고 중심을 잡는 바리톤이 만드는 예술이라고 가정하면, 〈마농〉 초반에 레스코는 그런 역할을 하고 있지만 후반부로 가면서 다른 정서를 만든다는 점이 눈에 띈다.

〈마농〉에서 마농은 투사를 하기는 하지만 투사적 동일시를 적극적으로 사용하지는 않는 것으로 보인다. 자신감이 없긴 하지만 아예 없는 것은 아닌 캐릭터라고 볼 수도 있고, 무의식의 세계에서 적극적인 행동으로 성취하지 않아도 의식의 세계에서 어느 정도 가능하기 때문에 그렇다고 볼 수도 있다.

난 왜 저항하지 못했나

네 가지 종류의 투사적 동일시를
모두 사용하는 손오공 이승기

°박홍균, 김정현, 김병수 연출, 홍정은, 홍미란 극본, tvN 토일드라마 〈화유기〉에서 이승기(제천대성 손오공 역)는 오연서(진선미 역)에게 투사적 동일시(projective identification)를 사용하는데, 대표적인 네 가지 종류의 투사적 동일시를 모두 사용하면서 두세 가지를 한꺼번에 조합하기도 한다는 점이 흥미롭다. 〈화유기〉는 요괴와 요괴, 요괴와 인간, 인간과 인간의 관계성에 의해 많은 이야기가 펼쳐지는데, 이승기가 자기도 모르게 행하는 투사적 동일시를 잘 살펴보면 손오공 캐릭터의 내면 심리와 이승기의 뛰어난 연기력을 모두 확인할 수 있다.

○ 대상관계이론, 멜라니 클라인의 투사적 동일시

대상관계이론(Object Relations Theory) 심리학자 멜라니 클라인(Melanie Klein)은 투사(projection)가 투사적 동일시로 이어질 수 있다는 이론을 정립한 학자이다. 투사는 자기가 스스로 견디기 힘든 내면을 무의식적으로 다른 사람에게 전가해 자기 마음 안에 있는 것을 외부 세계에 있는 것으로 돌리려는 것을 뜻한다. 주로 죄의식, 열등감, 공격성, 수치심 등 직면하기 어려운 면들이 투사된다. 〈화유기〉에서 금강고라는 팔찌를 차게 되면서 팔찌의 영향으로 오연서를 좋아할 수밖에 없는 이승기가, 자기가 오연서를 좋아하면서 오연서가 자기를 좋아한다고 여기는 것은 투사의 한 예이다. 자기가 오연서를 사랑으로 바라보면서, 오연서가 자기를 사랑으로 바라볼 것이라고 하는 것이 투사이다.

멜라니 클라인은 내가 투사한 대상을 내 마음이 투사한 상태로 그냥 두지 않고 실제로 그렇게 하도록 상대방을 조정하는 적극적인 투사를 투사적 동일시라고 했다. 이승기의 입장에서 볼 때 자기가 오연서를 좋아하면서도 오연서가 자기를 좋아한다고 여기는 것이 투사라면, 실제로 오연서가 자기를 좋아하게 만드는 것이 투사적 동일시인 것이다.

○ **투사적 동일시 네 가지를 모두 다 쓰는 이승기**

〈화유기〉에서 제천대성 손오공 캐릭터는 단순한 캐릭터가 아니다. 강한 힘을 가지고 있기도 하고, 금주령을 지키며 속박당하는 모습을 보이기도 한다. "나 아니면 안 된다."라는 태도를 취하다가도, "너 아니면 안 된다."라고 어느새 돌변하기도 한다. 이승기가 오연서에게 가장 많이 사용하는 투사적 동일시는 힘 투사적 동일시이다. 내가 아니면 널 지켜줄 수 없다는 것을 오연서에게 은근하면서도 꾸준히 어필한다. 힘으로 널 제압할 수 있다는 강한 남성성을 과시하는 것이다.

반면에, 인간과의 약속을 지켜야 하고 먼저 파기할 수 없는 요괴인 이승기는, 오연서에게 약속을 파기해 달라고, 금강고를 빼달라고 꾸준히 요구한다. 이걸 해줄 수 있는 사람은 너밖에 없다고 애원하는 의존적 투사적 동일시 또한 이승기와 〈화유기〉의 스토리텔링에 중요한 키포인트이다. 〈화유기〉 제3회 방송에서 오연서가 침대에서 손오공의 이름을 불렀을 때 침대에 누워서 나타났다. 다른 경우는 똑바로 서서 오연서를 바라보는 상태로 나타났다는 점과 대비된다. 그때 오연서가 이승기에 대해 궁금해했던 것은 사실이지만, 오연서가 자기를 그리워 한 것으로 단정적으로 몰아가는 모습은 대표적인 성적 투사적 동일시이다.

제4회 방송에서 이승기는 "난 너 아닌 다른 사람을 구하지 않아."라고 오연서에게 말하며, 너에게만 특별한 의미가 있다고 꾸준히 어필한다. 이승기가 노력하는 부분은 드라마 속에서 환심사기 투사적 동일시로 표현되는 경우가 많다.

○ 이승기는 힘/성적/환심사기 투사적 동일시를 동시에 펼치기도 한다

〈화유기〉에서 이승기는 투사적 동일시를 할 때 하나만 하는 것이 아니라 여러 가지를 한 번에 한다는 점 또한 주목된다. 제4회에서 "(금강고) 이건 네가 빼주지 않아도 빠질 거니까, 언젠가. 그때까지 그냥 널 마음 편히 사랑해줄게. 반드시 끝나서 흔적도 없이 사라질 사랑, 그냥 미친 듯이 퍼부어줄게."라고 이승기는 말한다. 그러면서 다소 당황해하며 멈춰 있는 오연서에게 "당연하잖아, 내 감정은 가짠데 나는 끝날 거고, 너는 다시 혼자가 될 거야. 그때까지 니 옆에 있을게. 사랑해! 진선미!"라는 복합적인 멘트를 덧붙인다. 이승기는 힘, 성적, 환심사기 투사적 동일시를 동시에 사용한 것인데, 복합적인 손오공 캐릭터에 잘 어울린다고 볼 수 있다.

　　○ 차승원을 비롯한 다른 인물들도 투사적 동일시를 사용한다

　〈화유기〉에서 다른 배역들도 물론 투사적 동일시를 사용한다. 우마왕 역의 차승원은 주로 힘 투사적 동일시를 사용하지만, 오디션 방송 프로그램에 심사위원으로 나가 "합격(합격)"을 외칠 수 있는 권위를 발휘할 때 자기의 섹시함을 동시에 어필하는데 이는 힘 투사적 동일시와 성적 투사적 동일시를 동시에 사용하고 있는 것이다. "합격(합격)"이 힘 투사적 동일시인 것은 쉽게 이해할 수 있는데, 성적 투사적 동일시라고 보는 것은 끼워 맞춘 것이 아니냐, 반문할 수도 있다. 그런데 그 상황을 잘 되돌이켜 보면, 차승원은 권위 있는 몸짓을 하기보다는 요염하다는 쪽에 가까운 움직임을 하고 있다는 것을 염두에 둘

　　　　　　　　　　　　　난 왜 저항하지 못했나

필요가 있다. 차승원의 그런 모습에 드라마 속 관객들과 실제 시청자들이 섹시하다고 느끼는 것은 이를 뒷받침하는 근거가 된다. 이런 디테일을 효과적으로 표현하는 것을 보면, 차승원과 이승기의 연기력이 얼마나 뛰어난지 감탄하게 된다.

○ **천계를 바라보는 작가의 시선, 이 작품의 B급 코드는 이곳에서부터 실마리를 찾아야 했을 수도 있다**

〈화유기〉 제20회에서 차승원은 성지루(수보리조사 역)에게 "천계는 제대로 아는 것도, 뜻대로 되는 것도 없네요."라고 말하는데, 작가를 비롯한 제작진들은 천계를 절대적인 선을 지키는 절대적인 힘의 원천이자 거역할 수 없는 절대적인 공명정대함을 가진 판단과 판결의 정점으로 바라보지 않는다는 점을 확인할 수 있다. 직접 해결하지 못하고 차승원을 이용하고, 오연서로 하여금 소명을 수행하게 한다. 흑룡과의 싸움에서 오연서가 죽었을 때 더 이상 흑룡을 제압할 수 있는 방법이 없다고 말했던 것을 보면, 직접 진압할 수 있는데 스스로 악을 이기는 과정을 주기 위해 소명을 준 게 아니라 직접 할 수 없기에 그렇게 했다고 여겨지는데, 이것이 제작진이 천계를 바라보는 시선이라고 볼 수 있다.

〈화유기〉에서 유일신, 절대신이라기보다는 그리스, 로마 시대처럼 여러 신이 공존하며 신선들 사이에서도 권력관계가 형성돼, 신선들의 세계에서의 모습과 인간세계에서의 모습이 별반 차이가 없는 것처럼 보이기도 한다. 신선들이 모여 있는 모습을 절대자들의 모습이라기보다는 권력을 가진 원로원의 모습처럼 묘사했다는 것이 이를 뒷받침한다. 우리가 흔히 생각하는 천계에 대한 생각과 작가가 바라보는 천계에 대한 생각, 확대해서 해석하기에는 무리가 있다면 최소한 〈화유기〉에서 작가가 바라보는 천계에 대한 시선은 기존과 확연히 다르다. 만약, 작가를 비롯한 제작진이 천계를 바라보는 시선을 명확하게 짚고 넘어갔으면 진지하게 전개되는 〈화유기〉의 B급 코드의 이유를 명확하게 해석할 수 있는 기준이 생겼을 수 있다.

흑룡에 대한 두려움과 기대감이 제19회 방송 이후 시청자들에게는 이제 큰 실망으로 자리 잡았는데, 천계를 바라보는 시선이라는 관점에서 생각하면 그럴 수 있겠다는 생각이 들기도 한다. '화유기'에서 천계는 절대자도 독보적 영웅도 아닌, 영웅들의 스승 또는 선배 정도의 위상을 가지고 있었던 것이다.

○ 이승기의 조각난 기억! 오연서가 없는 세상을 견딜 수 없기에 내면이 선택한 최선일 수 있다

〈화유기〉 제20회에서 충격으로 인한 이승기의 기억상실은 오연서가 없는 세상에서 견딜 수 없기에 선택한 최선일 수 있다. 조각난 기억이 맞춰지면 더 힘들어질 것이라고 성혁(동장군 역)이 말하는 것은,

난 왜 저항하지 못했나

이승기가 충격으로 인한 분열 상태에 있다는 것을 확인해주고 있다. 이승기가 수렴동에서 나오지 않고 다른 요괴들과 대화도 거의 나누지 않는 것은, 회피해 고립되는 것이 현재의 아픔을 견딜 수 있는 유일한 최선의 방법이라고 스스로 여기기 때문이다. 수렴동으로 오연서의 영혼이 찾아가는 것은 견딜 수 없어서 회피를 선택한 이승기를 직면하게 만든다. 눈에 띄는 점은 과거의 일을 말하며 직면하게 만들 때 오연서는 외부적으로 보였던 팩트만 이야기하는 게 아니라 내면의 마음을 정말 노골적으로 다 표현하고 있다는 점이다.

오연서는 이승기를 직면하게 만드는 방법으로 단순한 반복을 선택한 것이 아니라 더 깊게 내면으로 들어감으로써 직면할 수 있는 공간을 넓히고 있다. 단 하루 주어진 시간에서의 이런 깊은 직면은 작가가 심리학을 잘 모르기 때문일 수도 있고, 분열과 회피에 이르기 전에 정말 강렬했던 제천대성이었기 때문에 상대(이승기)가 충분히 견딜 수 있을 것이라는 믿음을 바탕으로 했을 수도 있다.

○ 이세영을 태워야 하는 이홍기의 아픔, 아들을 만나고도 아는 척할 수 없는 차승원의 아픔

〈화유기〉 제20회에서 이세영(좀비 소녀/부자/정세라/아사녀 역)을 태워야 하는 이홍기(저팔계 역)의 아픔은 길게 표현되지는 않았지만, 그간 본방사수 한 시청자들에게는 큰 울림으로 전달됐을 것이다. 내 눈앞에

있는 이세영이 그 이세영이 아니라는 것을 인정한다는 것은, 그런 현실에 직면한다는 것은 이홍기에게는 무척 힘든 일이다. 무기력해져만 가는 자기를 견딜 수 없기 때문에 태워달라고 말하는 이세영과 그것을 실행할 수밖에 없는 이홍기의 어려운 결정에 눈물이 흐른다.

〈화유기〉에서 방물장수 손자 정제원(원, ONE)(홍해아 역)이 자신의 아들이라는 것을 알아채고도 아는 척을 하지 못하는 차승원의 마음 또한 마음을 아프게 만든다. 정제원이 작은 사고를 치기는 하지만, 착한 사람으로 나온다는 점은 시청자들에게 마음의 위안을 주는데, 차승원과 정제원의 이름에 공통적으로 '원'이 들어있다는 점은 흥미롭다. 정제원이 차승원의 아들인지 아닌지를 걸음걸이, 오른손으로 등을 긁는 모습이 같다는 것을 통해 확인해줬는데, 만약 〈화유기〉 시즌2가 만들어진다면 정제원 또한 스토리텔링의 한 축이 될 수 있을 것이다.

성적 투사적 동일시가 위험한 이유

          °투사는 죄의식, 열등감, 공격성, 수치심 등 직면하기 어려운 면들이 대상이 되고, 투사적 동일시는 그 직면하기 어려운 면들을 단시 외부세세로 돌리는 데 그지지 않고 직극적으로 조정해 투사가 현실화되도록 한다는 특징이 있다. 행동이나 조정을 할 때 의도를 상대방이 모르게 했을 때 더욱 효과적인데, 투사적 동일시는 행하는 사람조차도 의식의 차원이 아닌 무의식의 차원에서 하는 것이기 때문에 의도를 철저하게 숨길 수 있어서 더욱 효과적으로 작용하고, 부정적이거나 병리적인 수준에 이를 경우 그 위험성은 더욱 파괴적이 된다.

  투사적 동일시 중에서도 성적 투사적 동일시는 다른 종류의 투사적 동일시에 비해 훨씬 더 위험한 결과를 초래할 수 있다. 투사와 투사적 동일시는 내가 스스로 감당할 수 없는 면이 무의식으로 억압되면서 발현되는데, 성에 관해서는 '성적 억압'이라는 표현이 공공연하게 사용할 정도로 억압된 내면의 대표적인 예라고 볼 수 있다. 무의식에 의한 성적 억압이라는 표현을 들어본 사람은 많을 것인데, 무의식에 의한 힘의 억압, 무의식에 의한 의존적 억압, 무의식에 의한 환심사기의 억압은 표현 자체도 생소할 것이고 들어본 적이 있는 사람도 거의 드물 것이다.

투사적 동일시 중에서도 성적 투사적 동일시는 성적 억압에 의해 발생하기 때문에 실제로 원하는 만큼의 투사적 동일시가 이뤄지는 데 그치지 않고, 과도하게 확대되기 때문에 더욱 큰 문제가 된다. 투사적 동일시는 행하는 사람뿐만 아니라 투사적 동일시의 대상이 되는 사람도 투사적 동일시가 이뤄진다는 것을 알지 못하는데, 성적 투사적 동일시의 대상이 되는 사람은 특히 자신을 성적으로 각성시킨 투사적 동일시를 행한 사람이 자신에게 호감이 있거나 관심이 있다든지 더 나아가 본인을 유혹했다고 느낄 수 있다. 반면에 투사적 동일시를 행한 사람은 의식이 한 것이 아니기 때문에, 상대방이 느끼는 것과 정반대로 그런 성적인 연결에 대한 두려움이 무척 큰 상태일 것이다. 성이 두려움의 대상이 아니라면 성적 투사적 동일시를 사용하지 않고, 능동적으로 관계를 맺었을 것이다. 투사적 동일시의 경우에는 무의식으로 억눌린 마음이 행동으로 나타나는 것이기 때문에, 투사적 동일시를 하는 사람도 본인의 의도를 의식적 측면에서 알 수 없다.

고차원적인 유혹과 성적 투사적 동일시를 구별하는 것은 매우 중요하다. 표면적이고 직접적인 유혹이 아니라는 공통점을 가지고 있기는 하지만, 고차원적인 유혹은 유혹을 하는 사람의 의지로 하는 것이고 그 대상이 되는 사람이 유혹을 받아들였을 경우 본인의 의지와 선택으로 유혹을 받아들인 것이기 때문에 두 사람의 관계는 긍정적으로 좋아질 것이다. 반면에, 성적 투사적 동일시를 건 사람은 물론 걸린 사람도 모두 자신의 의지로 선택한 것이 아니기 때문에 관계가 형성될 경우 순간적으로 좋을 수는 있을지라도 결과적으로 좋지 않은 결과, 치명적인 몸과 마음의 상처를 입게 될 수 있다.

투사에 여자와 남자가 없고, 투사적 동일시에 여자와 남자가 없는 것처럼 성적 투사적 동일시에도 여자와 남자가 따로 있는 게 아니다. 남자와 여자 모두 각각 성적 투사적 동일시를 건 사람과 걸린 사람이 될 수 있다. 건다는 것도 의식이 아니고 걸린다는 것도 의식의 영역이 아니라는 점은 중요하다. 누군가 나에게 고차원적인 유혹처럼 은밀한 어필을 하고 있다면, 이것은 진짜 고차원적인 유혹인지 아니면 성적 투사적 동일시로 인한 잘못된 메시지인지 파악해야 한다. 투사적 동일시, 특히 성적 투사적 동일시에 대해 남자와 여자가 모두 개념을 제대로 알고 있어야 하는 이유는, 나도 모르게 가해자가 될 수도 있고 억울한 피해자가 될 수도 있기 때문이다.

제대로 알지 못하면 나는 분명히 신호를 받고 반응했다고 확신하지만, 상대방은 그렇지 않기 때문에 나는 성폭력범이 될 수 있다. 분명히 그때 안 그랬다고 말할 수 있지만 그렇게 말할 경우 잘못을 인정하지 않고 잘못을 반성하지 않는 뻔뻔한 성폭력범이 될 것이다. 물론 성폭력의 주요 원인이 성적 투사적 동일시는 절대 아니다. 성적 투사적 동일시가 사용될 경우 상대방을 성적으로 각성시키기 때문에 성폭력의 위험에 처해질 수 있는데, 성적 투사적 동일시의 개념을 알지 못할 경우 반복된 위험에 처해질 수 있다.

이 책의 취지는 불필요한 죄의식에서 벗어나고, 위험 상황에서 무의식적 선택을 벗어날 수 있도록 원리의 이해와 훈련을 하자는 것이다. 동결 반응, 성적 투사적 동일시, 버려지기보다 훼손되기를 선택하는 마음은 생존을 위한 방어기작이라는 측면에서 긍정적인 측면이 전혀 없지는 않지만 모두 극복해야 할 사항이다. 그 중에서 성적 투사적 동일시는 잘못 이해하거나 악용될 경우 성폭력의 가해자를 두둔하거나 합리화하게 만들 위험성이 있다. 그렇기 때문에 이 책을 기획하면서도 성적 투사적 동일시를 아예 다루지 말아야 하는지 고민과 갈등이 많았다. 지금도 고민과 갈등은 계속되지만, 책에 넣기로 결정한 이유는 성적 투사적 동일시를 모를 경우 본인의 의지와는 상관없는 위험에 반복적으로 노출될 것이며, 그 위험은 몸과 마음, 삶과 미래를 파탄나게 할 수도 있기 때문이다.

아무리 긍정적인 취지로 글을 썼더라도 이 책에서 성적 투사적 동일시라는 개념을 접하는 독자 중에는, 억울한 본인을 공격한다고 느끼면서 필자에게 반감을 가지거나 분노하는 독자도 있을 것이다. 그런 반감이나 분노를 감당할 자신이 필자에게는 없지만, 성적 투사적 동일시의 개념을 접한 독자가 강한 반감이나 분노를 가지게 되는 것은 궁극적으로는 그 사람에게 큰 도움을 줄 것이라고 믿는다. 도저히 인정할 수 없는 부인과 부정의 단계를 거쳐, 결국 직면을 하게 된다면 치유될 수 있는 가능성이 열리는 것이고 위험으로부터 본인을 지킬 수 있게 될 것이기 때문이다.

난 왜 저항하지 못했나

힘 투사적 동일시를 쓸 경우 자신도 모르게 힘을 과시하는 것이고, 의존적 투사적 동일시를 쓸 경우 자신도 모르게 의존적인 행동을 하는 것이다. 환심사기 투사적 동일시를 쓸 경우 자신도 모르게 잘 보이기 위한, 환심사기 위한 노력을 하고 결과를 기대하는 것이다. 힘/의존적/환심사기 투사적 동일시도 인간관계에서 문제를 발생하게 만들 수 있지만, 그 정도와 강도 깊이에 있어서 성적 투사적 동일시와는 비교도 되지 않는다는 점을 반드시 기억해야 한다. 성적 투사적 동일시를 쓸 경우 자신도 모르게 성적인 각성을 하도록 만드는 것이다. 그것도 원하는 만큼의 각성이 아닌 지속적으로 눌려왔던 성적 억압에 대한 반감으로 과도하게 성적 투사적 동일시가 발현되는 것이다. 투사적 동일시를 사용하지 않고 다른 좋은 건강한 방법을 통해 관계성을 맺고 유지할 필요가 있는데 특히 성적 투사적 동일시는 더더욱 그러하다. 성적 투사적 동일시가 투사적 동일시 중에서 가장 민감한 이유인데, 힘/의존적/환심사기 투사적 동일시도 심각하다면 치료가 필요하지만, 특히 성적 투사적 동일시는 자신도 모르게 상대방에게 잘못된 메시지를 줘 자신을 망가뜨릴 수도 있기 때문에 반드시 고쳐야 한다.

다시 한 번 강조하는데, 대놓고 유혹하는 것과 성적 투사적 동일시는 절대 다르다. 의도하지 않은 성적 투사적 동일시가 더 효과적이라는 점은 더욱 치명적인 문제점을 유발하게 된다는 점은 매우 안타깝다. 투사적 동일시를 잘못 사용한 게 나쁜 것이지 그 사람 자체가 나쁜 것은 아니다. 감당할 수 없을 정도로 힘들기 때문에 투사적 동일시를 사용한 것이므로 위로와 포용이 필요하다. 자신감이 없거나 상처에 대한 충격이 센 사람이 성적 투사적 동일시를 사용했을 것이고, 자신감이 있었으면 그냥 유혹하지 성적 투사적 동일시를 사용할 이유가 전혀 없었을 것이기 때문이다.

투사적 동일시 이외에도 관계성을 좋게 맺고 유지할 수 있는 방법과 삶이 있다는 것을 알려줘야 한다. 투사적 동일시를 사용했던 사람에게 투사적 동일시를 사용하지 못하게 할 경우, 관계를 유지하기 위해 그들이 할 수 있었던 모든 것을 했기 때문에 더 이상 할 수 있는 게 아무것도 없는 그들에게 더 큰 상실감을 줄 수 있는데, 투사적 동일시를 사용하지 않도록 하면서 투사적 동일시 이외에도 긍정적이고 건강한 방법이 많다는 것을 알려주고 경험할 수 있도록 해야 한다.

　　　　　　　　　　　　　　난 왜 저항하지 못했나

제3장

무의식은
버려지는 것보다
훼손당하는 것을
선택한다

°인간 내면의 심리에는 훼손되는 것보다 버려지는 것을 두려워하는 면이 존재한다. 그렇기 때문에 버려지기보다는 훼손되기를 선택하는데, 어쩔 수 없는 상황에서뿐만 아니라 가능성이 어느 정도 열려 있다고 볼 수도 있는 상황에서도 내면은 그런 선택을 할 가능성이 많다. 자기 자신을 지키고 싶은 욕구가 누구에게나 기본적으로 있다는 점을 생각하면, 이런 측면을 이해하기는 쉽지 않다. 몸이나 마음, 몸과 마음이 훼손된다는 것을 감당할 수 있는 사람이 얼마나 되겠냐고 생각해본다면 더더욱 그러하다.

그렇지만, 인간의 내면은 버려지기보다 훼손되는 쪽을 선택하는 경우가 상당히 많다는 점은 사실이다. 논리적이지도 않고 합리적이지도 않은 선택을 하는 사람을 볼 경우 왜 그런지 이해가 쉽게 되지 않지만, 막상 나도 그런 상황이 되면 똑같은 선택을 할 가능성이 많은데, 그런 선택의 상황이 인간관계, 사회적 관계 등 관계성에서 기인한 것이라면, 훼손되는 것보다 버려지는 것을 두려워서 한 내면의 선택일 수 있다.

"니가 나를 버릴 경우 죽어버릴 거야."라는 이야기를 직접 해봤거나 혹은 들어본 사람은 많을 것인데, 최소한 드라마에서 이런 장면을 본 적은 있을 것이다. 그냥 협박처럼 들리지만 이 말을 잘 보면 버려지느니 차라리 죽어버리겠다는, 죽어서 없어지는 훼손을 선택하겠다는 뜻이 포함돼 있다. 많은 사람들은 헤어지는 것을 버려진다고 받아들인다. 실제로 버리고 버려지는 경우도 있지만, 객관적으로 볼 때 헤어졌다고 표현하는 게 가장 맞는 경우도 당사자는 헤어진 게 아니라 버려졌다고 느낄 수 있다. 헤어지는 것을 유달리 견디지 못하는 사람이 있는데, 아직도 관계를 유지하고 싶은 마음이 있기 때문일 수도 있고 외로움을 견디지 못하기 때문일 수도 있지만 버려지는 것을 극도로 두려워하기 때문일 수도 있다. 버려지는 게 아니라 그냥 헤어진 것인데도 버려진다고 받아들일 경우 그 사람에게 두려움은 강한 공포로 커질 수도 있다.

인간의 내면 심리에 버려지기보다는 훼손되는 것을 선택하는 측면이 있다는 것 또한 일종의 방어기작일 수 있다. 인간은 신체적으로 다른 강한 동물보다 상대적으로 약할 수밖에 없는데. 나를 지켜주고 보호해줄 도구와 수단이 마땅히 없었던 원시시대에 무리에서 벗어난다는 것은 죽음을 의미했을 수도 있다. 무리에서 벗어나거나 무리와 헤어진다는 것은 죽음에 노출된다는 것을 의미하기 때문에 무리에서 버려진다는 것으로 받아들여질 수밖에 없고, 그렇게 버려지느니 몸이나 마음이 훼손당하더라도 무리 안에 남아있어야 한다는 절박함이 있었을 수 있다.

외로움을 견디지 못하는 이유는 사회적 동물이고 관계성 속에서 생존하기 때문이기도 하지만, 외롭다는 게 단순히 마음의 외로움만을 뜻하는 게 아니라 무리에서 떨어져 있기 때문에 생명의 위협을 느낀다는 것을 의미했기 때문일 수도 있다. 외로움은 단지 심리적인 결핍이 아니라 생존이 위협받는 상태라는 것을 뜻했다면, 버려져 홀로 되지 않기 위해 내면은 방어기작을 작동했을 수도 있는 것이다. 특별히 방어할 수 있는 내면의 도구가 없기 때문에 방어하기 위해 버릴 것을 찾으면서 훼손되는 것을 감당하겠다고 선택했을 것이다.

아일랜드 출생의 프랑스 소설가이자 극작가인 사무엘 베케트(Samuel Beckett)의 〈고도를 기다리며(En Attendant Godot)〉는 노벨 문학상 수상작으로 부조리극의 정수라는 평가를 받는 작품이다. 우리나라에서는 극단/소극장 산울림의 스테디셀러 작품으로 매년 연극 무대에 오르는데, 인간의 삶을 단순한 기다림으로 정의하고 그 끝없는 기다림 속에서 인간 존재의 부조리성을 보여준다.

두 부랑자인 블라디미르(디디)와 에스트라공(고고)은 50년 동안 오지 않는 고도를 기다린다. 고도가 누구인지 왜 고도를 기다리는지에 대한 명확한 이유를 알려주지 않고 기다림은 계속된다. 디디와 고고의 기다림 못지않게 부조리성을 느끼게 만드는 것은 포조와 럭키의 관계 및 럭키의 선택이다. 포조는 럭키의 주인으로 럭키를 짐승처럼 다룬다. 노예인 럭키는 포조의 짐을 가지고 다니는데, 왜 저렇게 짐승 취급을 받으면서도 아니 짐승보다 더한 취급을 받으면서도 포조에 복종하는지 궁금증을 자아낸다.

난 왜 저항하지 못했나

사람을 동물처럼 대하는 희극적인 인물인 포조는, 럭키가 버림받지 않기 위해 자신에게 감동을 주는 행동을 하고 있다고 생각한다. 럭키가 짐을 계속 들고 있는 이유는 버려지지 않으려는 마음 때문이라고 포조는 말한다. 이런 장면은 부조리극이기 때문에 억지 상황이라고 받아들일 수도 있지만, 인간 내면의 무의식적 선택을 고려할 때 사실은 무척 중요한 포인트이다. 안타까운 일이지만 사람은 실제로 버려지기보다는 훼손당하는 것을 선택하는 경우가 일반적이기 때문이다. 훼손당하는 고통보다 버려진다는 고통을 참기 어렵게 느끼기 때문이다.

인간의 존엄성에 대한 존중이 없는 포조는 "이 돼지 같은 놈아!"라는 말의 반복하는데, 다른 사람이 그런 말과 행동에 동조한다는 점은 실제 사회에서의 모습과 많이 닮아 있다. 버려지는 것을 두려워한다는 것을 알고 악용하는 포조를 보면서, 세상의 많은 포조들이 머릿속에 스쳐 지나간다.

감당하기에 너무 힘들어 견딜 수 없기 때문에 의식에 있던 것을 무의식으로 억누른다는 것을 고려하면, 버려지는 두려움이 무의식으로 억눌리기 때문에, 무의식은 버려지는 것을 더 두려워할 수도 있다, 무의식의 영역이기 때문에 우리는 훼손되는 것보다 버려지는 것을 우리가 더 두려워한다는 것을 알지 못하지만, 실제로 내면은 그런 선택을 하는 것이다.

소속의 안전감이 확보되지 않는 시대, 자존감 부족의 시대, 외로움의 시대에 살면서 사람들은 소외되지 않고 어디엔가 속하는 것을 중요하게 생각한다. 사회라는 큰 무리 안에 있지만, 그 사회가 정글처럼 느껴지기 때문에 그 사회 안에서 안전감을 느낄 수 있는 곳에 소속되기를 원하는 것이다. 스스로 자존감을 가지기 힘든 외로움의 시대에는 내가 소외되지 않고 어디엔가 속하는 것이 중요하다. 배고픔의 시대가 아닌 외로움의 시대이고, 게다가 어디에 속하지 않거나 누구랑 헤어지는 것을 버려진다고 받아들이는 시대이기 때문이다. 맞고 다니는 아이는 동네 폭력배나 험악한 선배에게만 맞고 다닐 것 같지만 같은 또래의 다른 아이들에게 맞고 다니는 아이도 많다는 점은 의미하는 바가 있다. 때리는 아이들을 피할 수 없는 경우도 있겠지만, 맞으면서도 그 아이들 근처로 가기도 하는 이유는 같은 또래의 아이들과 관계를 아예 끊기보다는 차라리 자신이 훼손되는 것을 선택하기 때문이기도 하다.

아이들의 내면이 그런 선택을 한다는 것을 잘 이해하지 못하는 기성세대는 많을 것인데, 명문대학 재학생, 대기업의 정규직 직원조차 자존감이 낮아질 것이라고 예상한 사람들은 예전에는 거의 없었다. 요즘은 대학가가 아닌 버스나 지하철, 일반 거리에서 과티(한 학과를 나타내고 대표하는 티셔츠), 과잠(과 점퍼로 학교와 학과의 영문 이니셜을 새기는 게 유행이다)을 입고 다니는 사람을 많이 볼 수 있다. 예전에는 특정 학교, 특정 학과 재학생들만 입고 다녔으며 그런 옷을 입고 다닐 경우 겸손하지 않은 사람 취급을 받았었다. 애교심이 예전보다 훨씬 더 강해지고, 과에 대한 자부심이 커져서 당당하게 과잠, 과티를 입고 다니는 것일 수도 있지만, 나 혼자 서 있을 수 있는 자존감이 현저하게 부족한 상황에서 어쩔 수 없는 최선의 선택일 수도 있다. 요즘 애들은 왜 그러냐고 말하는 어른들도 있을 것인데, 나이키 신발을 신고 아디다스 가방에 죠다쉬 청바지를 입어야만 자존감을 확보할 수 있었던 자신들의 모습 또한 별반 차이가 없다는 사실을 인정하거나 기억하고 싶지 않은 것이다.

성희롱, 성추행, 성폭행 등의 성폭력의 가해자는 모르는 사람보다는 원래 알고 있던 사람일 가능성이 훨씬 더 많다. 성폭력이 발생하기 전에 가해자였던 그들은 피해자와 좋은 관계를 유지했을 수 있다. 한 집에 사는 가족이거나 친척, 학교, 회사, 모임 등 내 삶에서 중요한 의미를 차지하고 있던 집단에서 내게 영향력을 미칠 수 있는 사람이 가해자가 될 가능성이 있다. 그런 위치에 있는 모든 사람이 가해라는 것은 아니고, 모두 잠재적 가해자라는 것도 아니지만, 성폭력은 있을 수 없는 관계에서 더 많이 발생하고 피해자는 더 큰 상처를 입게 되는 것이다.

피해자는 합리적이고 이성적인 판단을 할 수 없는 나이가 아니거나, 올바르게 거절하기 쉽지 않은 위치에 있었을 경우가 많은데, 성폭력의 순간 거절하거나 저항할 경우 두 사람의 관계가 멀어질 수 있다는 생각에 제대로 의사 표현을 하지 못할 수 있다. 성폭력 이후에도 가해자를 신고할 경우 그간의 관계가 어긋날 것이라는 두려움도 있고 함께 내가 알던 좋은 사람이 정말 나쁜 사람이라는 것을 인정하기 힘들기 때문이다. 모르던 사람이 가해자일 경우 바로 신고하지만, 아는 사람이 가해자인 경우 주변의 만류가 없더라도 쉽사리 신고하거나 폭로하지 못하는 이유이기도 하다. 가해자는 대부분 피해자의 그런 심리를 교묘하게 이용하는데, 〈고도를 기다리며〉에서 포조가 럭키의 마음을 교묘하게 이용했던 것처럼 죄를 저지르고도 피해자의 마음을 악용하는 것이다.

물리적인 폭력을 가한 경우, 언어폭력을 포함한 협박을 한 경우, 심리적으로 압박하거나 심리적인 정체성을 혼란시키는 경우 등 다양한 형태와 방법을 통해 악용될 수 있는데, 훼손당하는 것보다 버려지는 것을 두려워하는 마음을 극복하지 못할 경우 피해를 입고도 계속해서 가해자에게 정신적으로 심리적으로 육체적으로 끌려 다닐 수 있다. 이를 막고 더 이상 상처받지 않기 위해 사실을 정확하게 직시하고 마음을 가다듬어야 한다.

첫째, 관계가 어긋나는 것은 버려지는 것이 아니다. 헤어지는 것도 버려지는 것이 아니다. 나는 누군가의 소유물이 아니기 때문에 누가 나를 함부로 버릴 수 있는 존재가 아니다. 만약 성폭력을 가하는 것 같이 나의 존엄성을 존중하지 않고 피해를 입힌다면, 내가 먼저 관계

난 왜 저항하지 못했나

를 끊을 결단을 해야 한다. 가해자의 위치와 영향력 때문에 내가 입게 될 피해가 두려울 수도 있지만, 내가 피해받지 않도록 나를 아끼고 존중하고 배려했으면 절대 성폭력을 저지르지 않았을 것이라는 점을 명심해야 한다. 혹시나 하면서 연연해하면, 나는 포조에게 이용당하는 럭키가 되는 것이다. 포조를 보면서 결국 럭키를 위하는 사람이 될 것이라고 생각하는 관객은 없을 것인데, 그런 객관적인 판단은 나 자신에게도 똑같이 적용해야 한다.

둘째, 훼손되지 않아야 한다. 어떤 이유이든지간에 내가 훼손되는 것을 선택하지 않아야 한다. 훼손은 고결한 희생이 아닌 그냥 훼손일 뿐이다. 훼손되는 것은 버려지는 것 못지않은 상처와 피해라는 점을 인식해야 한다. 위기의 순간에 나의 내면 무의식이 나를 훼손하는 선택을 못하도록, 평소에 스스로를 훼손하지 않겠다는 다짐과 훈련을 해야 한다. 동결 반응을 이기는 훈련을 할 때 훼손되지 않겠다는 훈련을 같이 해야 한다. 앞서 성교육을 할 때 동결 반응을 방지하는 교육을 같이 해야 한다고 제안 했는데, 훼손되면 안 된다는, 훼손되지 않도록 선택해야 한다는 교육도 성교육에 포함하기를 제안한다. 의식이 아닌 무의식이 선택하는 것이고, 그것도 방어기작의 일부로 행하여지는 것이라면, 반복되는 교육과 훈련을 통해서 극복해야 한다. 교육 시간에 성폭력의 상황을 비롯해 내가 어떤 상황에서 동결 반응이 있었고, 어떨 때 훼손되는 것을 선택했는지 스스로 알게 한다면, 충분한 예방 효과를 얻을 수 있을 것이다.

셋째, 설령 헤어짐이 아니라 버려짐이라고 할지라도, 버려짐을 받아들일 수 있는 연습과 용기가 필요하다. 버려지기를 두려워해서 생기는 문제점은 버려질 수 있는 용기를 통해서 극복할 수 있다. 버려지는 게 뭐 그리 대수인가? 버려지지 않기를 발버둥 치면서 살고 있지만 우리는 살면서 몇 번의 크고 작은 버려짐을 받는다. 물론 크고 작은 버려짐을 행사할 수도 있다. 세상이 다 없어질 것 같은 멸절의 공포가 있을 수도 있지만, 지난 일들을 되돌이켜 생각하면 당시에는 엄청난 것 같지만 지나고 나면 별거 아닌 것들이 대부분이다. 내 마음이 너무 두려워하고 크게 받아들이기 때문에 공포스러운 것이지, 실제로는 그다지 공포스러운 게 아닐 수 있다. 버려지면 끝일 것 같지만 절대 그렇지 않다는 점 또한 스스로의 내면은 잘 알고 있을 것이다. 알면서도 두려움에 더 집중하기 때문에 그쪽으로 갈 수도 있는 것이다. 버려짐도 실제로 감당해보면 별 거 아닌 경우가 대부분이다.

제4장

직면하기
힘들지만
알아야만
하는 이유

°이 책을 읽으면서 동결 반응, 성적 투사적 동일시, 버려지기보다 훼손되기를 선택하는 심리 등 책 속의 내용을 접하고 알아야 한다는 것 자체만으로도 독자는 트라우마가 생길 수 있다. 독자의 개인적인 경험 유무에 따라 더 많이 힘들 수도 있다. 그럼에도 불구하고 반드시 알아야만 하는 이유가 분명히 있다는 점에 주목해야 한다. 단순히 아는 데 그치면 안 되고 연습을 통해 미리 마음의 준비를 해야 한다는 점이 가장 중요하다.

　헤어질 수 있는 마음의 준비, 훼손되지 않겠다고 저항할 수 있는 준비, 동결 반응에 대한 방지의 내용은 그냥 쉽게 생각하면 편하게 받아들일 수 있는 것처럼 보이지만, 실제로 직면하면 잠시나마 동결 반응을 겪을 수도 있다. 실제로 그런 경험이 있는 사람뿐만 아니라 경험이 없더라도 상상력이 풍부하고 감정이입을 쉽게 할 수 있는 사람은 이 책이 힐링으로만 작용하지 않고 이 책의 내용이 본인의 마음과 정신을 공격할 수도 있을 것이다. 만약 독자 중 이런 느낌을 받았고, 그래서 매우 불편해졌다면 정말 이 책을 잘 읽고 있는 것이다. 실제 경험하지 않고도 머릿속으로 시뮬레이션을 하게 돼 예방의 효과를 기대할 수 있는 것이다. 단지 위험한 상황을 상상하는 데 그치지 말고 그런 상황에서 난 어떻게 행동할 것이고, 어떤 마음을 먹을 것인지 미리 정해놓는 게 좋다. 미리 정해서 훈련되지 않은 상황에서 동결 반응을 경험하게 된다면, 그때부터는 의식의 영역에서 감당할 수 없어 무의식의 영역에서 선택하고 행동하는 것이기 때문에 속수무책인 상황이 될 위험성이 있기 때문이다.

　이 책의 내용 중 성적 투사적 동일시의 기본 개념을 이해하기는 그다지 어렵지 않을 수 있지만 받아들이기에는 결코 쉽지 않을 것이다. 성폭행을 당했는데 담당 경찰관이 그 여자를 또 성폭행하고 그 사실이 뉴스를 통해 알려지면서 사회적으로 큰 파장을 일으켰음에도 불구하고, 심리상담을 위해 추가로 투입된 사람이 또 성폭행을 하는 경우도 있다. 인간도 아니라고 비난받을 것이고 비난받는 게 당연하다. 첫 번째 성폭행범뿐만 아니라 두 번째, 세 번째 사람도 원래 그런 인간이었으면 강력한 처벌을 받으면 된다. 이런 가정을 하면 필자 또한 비난의 대상이 될 것인데, 만약 피해자가 성적 투사적 동일시를 자신도 모르게 사용하고 있다면 어떻게 해야 할까? 가해자에 대한 단죄는 반드시 필요하다. 그리고, 피해자에 대한 보호도 반드시 필요하다. 피해자가 성적 투사적 동일시를 사용한다면, 성적 투사적 동일시를 치료할 수 있도록 도와주는 게 피해자를 가장 안전하게 보호하는 길이다. 가해자가 아니면서도 피해자는 죄의식을 가지는 경우가 많은데, 당신의 잘못이 아니라는 점은 분명히 알려줘야 한다.

　성적 투사적 동일시에 대한 검토가 가해자에게 당위성과 면죄부를 주는 방법으로 악용되는 것 또한 반드시 방지해야 한다. 내가 성적 투사적 동일시를 쓰는지 모르기 때문에 또 일어날 수 있는 위험성을 막는 게 목적이다. 알고 대처하면 성적 투사적 동일시를 악용하는 상대방의 의도와 행동도 막을 수 있다. 이는 성적 투사적 동일시에만 적용되는 것이 아니라 다른 종류의 투사적 동일시에도 적용된다.

이 책에 나와 있는 심리적인 면은 미투가 아닌 다른 인간관계의 갈등과 문제에서도 동일하게 적용된다. 모든 사람이 개념을 정확히 알아야 하는 이유이기도 하다. 버려지기보다 훼손되기를 선택한다는 점은 학교 폭력에서도 그 예를 찾을 수 있다. 피해자가 피할 수 있었는데 적극적으로 피하지 않았다고 생각할 수 있는 경우도 있다. 물론 이렇게 말하면 제2차 가해자가 될 수도 있고, 여론의 뭇매를 맞을 수도 있다. 그렇기 때문에 적극적으로 표출하지 않더라도 속으로는 그렇게 생각하는 사람이 있을 수도 있다. 다 몰라서 하는 이야기이다. 만약 가해자가 모르던 사람인데 또 가서 맞는다는 이야기는 달라지겠지만, 대부분의 가해자는 나의 동급생이거나 같은 학교, 같은 동네에 사는 형, 언니이다. 사람과의 관계가 끊어지는 것을 버려지는 것으로 받아들일 경우, 대부분의 많은 사람들은 버려지지 않기 위한 방법으로 자신이 훼손되는 것을 선택한다.

올바르지 않은 인간관계가 지속되지 않는 것은 내가 버림받는 것이 아니라는 점을 알아야 하고, 그에 대한 훈련이 필요하다. 의식적인 측면에서 볼 때 자기가 훼손되는 것보다 관계를 끊는 것이 합리적인 선택이다. 그렇지만 무의식의 측면에서 보면 정반대의 선택이 취해진다. 인간은 훼손되는 것보다 버려지는 것을 두려워한다. 그렇기 때문에 자기도 모른 채 버려지지 않기 위해 훼손당하는 것을 무의식적으로 선택하는 것이다.

냉정하게 살펴보면 버려지는 것이 아니라 그냥 관계가 끊어지는 것인데도, 그것을 버려지는 것으로 받아들이는 것을 알 수 있다. 제3자의 시야로 보면 명확하지만 당사자는 그렇게 받아들이는 이유는, 의식이 아닌 무의식의 선택이기 때문이다. 투사와 투사적 동일시에서 살펴보았듯이. 내가 감당할 수 없는 게 무의식으로 이전된다. 정말 힘들기에 무의식으로 억누르고 무의식으로 가두는 것이다. 무의식은 나도 모르는 내 내면의 마음일 수 있지만, 내가 알거나 경험한 의식 중에서 도저히 감당할 수 없었던 것들이 무의식으로 들어간다는 점을 분명히 알아야 한다. 합리적인 선택을 할 수 있도록 교육과 훈련이 필요한데 내가 감당할 수 없을 정도로 힘들 때 내 마음이 나도 모르게 어떤 선택을 하는지 알아야 해결이 가능한 것이다.

데이트 폭력을 당하고도 계속 만나는 것은 헤어질 용기가 없기 때문일 수도 있다. 그냥 헤어지면 되지 무슨 용기까지 필요하냐고 물을 수도 있는데, 헤어질 수 있는 용기는 버림받았다고 생각하지 않을 용기, 더 나아가 설령 버림받더라도 크게 상처받지 않을 용기를 뜻한다. 데이트 폭력 후 상대방이 진심으로 반성했기에 용서한다고 하지만 대부분 한 번 발생한 데이트폭력은 재발한다. 버려진다는 느낌을 가지지 않기 위함이기도 하지만, 데이트폭력으로 헤어졌다는 건 내가 그런 사람을 잘못 선택했다는 것을 인정하는 것이기에, 내 선택의 합리화를 위해 믿고 싶은 마음에 잘못된 것을 계속 용인하면 안 된다. 이제 헤어지면 다시는 이성을 만나지 못할 것 같아도 절대 그렇지 않다. 다른 이성을 만나도 똑같을 것 같지만, 그렇지 않은 사람을 신중히 고르면 된다.

데이트 폭력은 엄연한 폭력이다. 가장 사랑하는 사람에게 폭력을 휘두르는 사람은 세상에 어떤 폭력도 행사할 수 있게 될 위험성이 높은 사람일 수 있고, 다른 사람에게는 기죽어 지내면서 자기를 따르는 사람에게만 막 대하는 치사한 사람일 수도 있다. 두 경우 모두 다시는 절대 만나지 말아야 할 명백한 이유가 있는 것이다. 그럼에도 불구하고 다시 만나는 이유는 잘못했다고 정말 진심으로 뉘우치고 사죄했기 때문이라고 말하는 경우도 있는데, 이것도 진심과 진실이라기보다는 가해자와 피해자 모두의 명분일 수 있다. 의식은 아닐 수 있지만 무의식에서는 헤어진다는 것을 버려진다는 것으로 받아들이기 때문에, 버려지는 것보다는 훼손당하는 것을 선택했다는 것을 인정해야 해결을 위한 결단을 할 수 있다.

만약 내 내면심리를 있는 그대로 볼 수 있으면, 질질 끌려 다니지 않고 데이트 폭력에서 벗어날 수 있다. 헤어져야 할 이유가 있을 때 헤어짐을 선택할 수 있고, 데이트 폭력을 반복할 수 없게 만들 수도 있다. 거창하게 말해 헤어질 용기, 상처받을 용기라고 할 수도 있는

난 왜 저항하지 못했나

데, 헤어짐의 두려움을 받아들일 용기, 상처받을 두려움을 받아들일 용기라고 표현하는 것이 더 정확할 것이다.

데이트폭력, 부부간의 폭력, 가정폭력을 일삼는 사람은 내면의 분노를 주변의 소중한 사람에게만 표출하는 사람일 가능성이 많다. 특히, 약자만 대상으로 삼아 폭력을 행사하는 경우도 많은데, 강자에게 약하고 약자에게 강한 사람은 정말 치사한 인간이다. 자존감이 강하고 기준이 확실한 사람은 강자에게 강하고 약자에게 약하다. 역사적으로 존경받는 평화주의자, 인권주의자들은 약자에게 부드럽고 포용적이지만 절대 약한 사람들이 아니었다. 강자에게 강할 수 있고, 약자에게 약할 수 있는 사람이 진정한 강자이다.

엄격해야 하는 가해자는 스스로에게 너그럽고, 너그러워도 되는 아니 스스로에게 너그러워져야 하는 피해자는 가혹해져 본인을 더욱 아프게 하는데, 당신의 잘못이 아니라고 진심으로 말해줘야 한다. 더 이상 아파하지 않도록 끝까지 지지해줘야 한다. 상담심리에서 직면하고 치료를 안 하면 그건 더 위험해지는 것처럼, 나도 당했다는 미투를 힘들게 폭로한 이후 제대로 해결이 되지 않으면 내 마음은 더욱 힘들어질 것이다. 해결책은 상대방의 진정성 있는 사과, 책임지는 처벌, 그리고 내 마음의 상처와 짐에서 벗어나는 것이다. 폭로 자체로 끝이 아니고, 미투를 하도록 용기를 낸 것은 이제 막 시작한 것이다. 해결이 될 때까지 피해자 중심으로 해결책을 찾아가는 사회 전체적인 합의와 노력이 필요하다. 심리상담에서도 직면하게 하고 치료를 안 하면 그건 더 위험하다. 심리상담, 심리치료를 할 때도 제대로 완료하지 않고 중간에 그만둘 경우 눌러놓은 아픔을 꺼내서 완벽하게 없애지 않고 중단한 것이 되기 때문에, 심리상담, 심리치료를 받기 전보다 더 힘든 삶을 살 수도 있다는 점과도 일맥상통한다.

마무리하며

○

#MeToo, #미투는 사회를 바꾸는 계기가 될 것이다. 성폭력뿐만 아니라 여성의 인권, 사회적 약자의 인권에 대한 마인드를 높여 한 단계 발전하는 사회가 만들어질 것이다. 지금까지 당하고만 살았던 사람들이 용기를 내고 있는데, 최근 대기업 오너가의 갑질에 대한 폭로가 늘어난 것도 이와 무방하지는 않은 것으로 추정된다. 대기업 다녀본 사람은 잘 알고 있을 것인데 대기업 문화 내에서 오너가에 대한 폭로는 결코 쉽지 않다. 남성 위주의 사회에서 미투 운동이 결코 쉽지 않게 전개되는 것처럼, 대기업에서 오너가에 대한 폭로와 자정 요구 또한 결코 쉽지만은 않게 전개될 것으로 예상된다.

미투의 시기는 사회를 긍정적인 방향으로 이끄는 과정 중에 있는 아픔의 시기이다. 이 아픔의 시기에 가장 아픈 사람은 더 이전의 오랜 세월 동안 말도 제대로 꺼내지 못하며 힘들어했다가 용기 내어 미투를 하고, 제2차, 제3차 피해를 받고 있는 사람들일 것이다. 미투 운동에 힘겹게 용기 낸 사람들의 마음에 귀 기울이기보다는, 미투를 유발하게 했던 과거 사건들을 자극적으로 다루는 데 매스컴이 더 집중하는 것 또한 본의는 아니겠지만 제2차, 제3차 피해를 만들고 있다고 여겨진다.

이 책은 동결 반응, 성적 투사적 동일시, 버려지는 것보다 훼손당하는 것을 선택한다는 무의식의 내면 심리에 대한 고찰을 통해 성폭력의 피해자들이 가질 수 있는 불필요한 죄의식이 진짜 불필요한 죄의식이라는 것을 알려줘 마음의 감옥에서 벗어날 수 있도록 도움을 주려고 썼다. 저항을 안 한 것이 아니라 저항을 못 했다는 점을 인지한다는 것은 중요하다. 원시시대부터 내려온 내면의 방어기작이 현재는 우리를 오히려 위험하게 만들 수 있고, 그것을 극복하기 위해서는 교육과 훈련이 필요한데, 정말 감당하기 힘들 때 우리가 모르는 우리 마음이 어떤 선택을 하는지 알아야 하는 이유이기도 하다.

성교육 프로그램에 동결 반응에 대한 개념 교육 및 극복하기 위한 훈련, 그리고 훼손당하는 것을 선택하지 않기 위한 마음의 교육과 훈련을 넣기를 제안한다. 원시시대에 우리를 위험으로부터 구해줬던 내면의 방어기작이 오히려 현재에는 위험한 순간에 제대로 된 판단을 하지 못하게 하고 있다면, 이는 교육과 훈련을 통해 극복해야 하는 것이다. 만약 동결 반응 방지와 훼손에 대한 저항과 거부가 우리나라 성교육 프로그램에 제대로 반영돼 실효성을 인정받는다면 모범 프로그램으로 전 세계에 전파될 수도 있을 것이다.

처음에 밝힌 것처럼 이 책의 목적은 누가 잘못했고 누가 잘했는지를 심판하는 게 아니다. 필자에게 그런 심판자의 자격은 없다. 미투 운동에 대해서도 사건 위주로만 집중되는 경향이 있기 때문에, 힘든

난 왜 저항하지 못했나

시간을 보낸 분들의 내면에 관심을 가지고 글을 쓰기 시작했고, 하나라도 도움이 되기를 바라는 마음으로 진실 되게 임했다. 그렇지만, 정제되지 못한 표현, 배려심이 부족한 표현으로 인해 이 글을 읽는 분들께 상처를 주고 있을 수도 있다. 잘못됐거나 부족한 점이 있다면 피드백을 겸허히 받아들여 수정할 예정이다.

필자는 본래 동결 반응과 투사적 동일시를 각각 별개의 책으로 출간하려고 계획했었다. 이 책이 성폭력, 미투를 중심으로 쓰였지만, 같은 원리가 우리의 무의식의 다른 분야에서도 동일하게 적용된다는 점을 염두에 둘 필요가 있다. 동결 반응의 개념, 투사적 동일시의 개념, 버려지기보다는 훼손되기를 선택하는 심리에 대한 이해는 앞으로 살면서 마음이 결정할 일이 있을 때 사용할 수 있는 하나의 기준으로 활용할 수 있다.

책에 나온 개념에 대한 사례를 실생활에서 찾을 수도 있었지만 너무 자극적일 수도 있고, 혹은 직접 경험하지 않은 사항이라서 크게 와닿지 않을 수도 있기 때문에, 영화, 뮤지컬, 연극, 오페라, 드라마 속에 나타난 사례를 활용했다. 필자가 문화예술 리뷰 담당 기자이기도 하기에 필자가 실제로 작성한 리뷰 기사의 작품들을 예로 활용했다. 문화예술 작품에 나온 사례를 하나하나씩 살펴보면 좋은 작품 속에는 정말 좋은 것들이 들어있다는 것을 알 수 있다.

이 책을 출간하기 위해 때로는 피해자의 입장과 때로는 가해자의 입장에 각각 감정이입해 글을 쓸 수밖에 없었다. 처음에 사명감을 가지고 이 책을 시작했는데, 쓰는 동안 때로는 내가 피해자로 느껴지기도 하고 때로는 내가 가해자로 느껴지기도 하면서 정말 힘들었다. 각각의 배역에 감정이입해야 하는 시나리오 작가나 배우처럼 힘들었고 아직도 그러하다. 일정한 기준을 가지고 글을 쓰는 것도 이렇게 고통스러운데, 피해자분들은 얼마나 힘든 시간을 오랫동안 보내셨을지 생각하면 진심으로 마음이 무척 아프다. 집필하는 기간에 tvN 토일드라마 〈라이브(Live)〉를 시청했는데, 때마침 집필기간의 방송 회차에 성폭행 사건이 계속 나와서 펑펑 울었는데, 책 쓰기 전과 비교하면 필자가 느낀 아픔과 공감의 강도는 확연히 달라졌다. 저렇게 움직이지도 저항하지도 못한 이유가 동결 반응이라는 것을 아는 것만큼 마음이 너무 아팠다. 글을 쓰면서 감정이입한 마음과 느낌을 그대로 간직해야 할지 아니면 심리상담을 받아야 할지 고민이다. 부족한 책이지만 누군가에게는 힘이 되기를 바란다.

난 왜 저항하지 못했나